Roland

Zeitschrift der
genealogisch-heraldischen Arbeitsgemeinschaft
Roland zu Dortmund e.V.

Sitz Dortmund, gegründet am 24.05.1961

Herausgegeben im Auftrag des
Roland zu Dortmund e.V.
von Christian Loefke

Band 19 • 2010

Roland zu Dortmund e.V.
Postfach 10 33 41, 44033 Dortmund
E-Mail: info@roland-zu-dortmund.de
Homepage: www.roland-zu-dortmund.de

Schriftleitung: Christian Loefke, *Lektorat:* Eugen Holtkamp

Jahresbeitrag für Einzelpersonen € 30,- (Ehepaare € 35,-)
Konto: Sparkasse Schwerte, BLZ 441 524 90, Kto.-Nr. 68 569
fällig im 1. Quartal des Jahres. Der Verein ist vom Finanzamt Dortmund-West als gemeinnützig anerkannt.
Der Bezugspreis der Zeitschrift (Roland) ist im Mitgliedsbeitrag enthalten. – *Arbeitssitzungen:* Am zweiten Dienstag im Monat um 19.00 Uhr im Hotel Drees, Hohe Straße 107, 44139 Dortmund.

Bibliothek: Im Stadtarchiv Dortmund, Küpferstr. 3. – Betreuung jeweils am 2. und 4. Dienstag eines Monats von 9-15 Uhr; ☎ 01 51 – 26 88 51 87

ISSN 2196-1697
ISBN 9783732235568

Inhalt

Mitarbeiter des Bandes

Hans Dieter Balzer
Rocholzallee 4, 58285 Gevelsberg – hd.balzer@versanet.de

Dr. Jörgen Beckmann
Am Ellinghof 55, 58455 Witten-Heven – joergen.beckmann@gmx.de

Richard Goldmann
Pfarrer-Kneipp-Str. 4, 44141 Dortmund-Gartenstadt

Eva und Eugen Holtkamp
Eichenstr. 29, 45731 Waltrop – E.Holtkamp@gmx.de

Jos Kaldenbach
Amstelstraat 18, NL-1823 EV Alkmaar – jos.kaldenbach@tiscali.nl

Prof. Dr. Dr. Kuß, München
Ortolfstraße 15, 81247 München – Erich.Kuss@T-Online.de

Christian Loefke
Gereonstr. 1, 48145 Münster – Loefke@web.de

Dieter Mättig
Bergenkamp 4, 59425 Unna – d.maettig@dokom.net

Jürgen Peters (-Schlebusch)
Villigster Str. 6, 58099 Hagen – Peters-Schlebusch@t-online.de

Dr. Ruprecht Ziemssen
Am Südwestfriedhof 30, 44137 Dortmund – rup.ziemssen@t-online.de

Der Riphaushof in Waltrop[1]

von Eva und Eugen Holtkamp

An der Riphausstraße in Waltrop, neben dem Freibad und dem Allwetterbad, liegt der Riphaushof, in dem sich heute das Heimatmuseum und das Heimathaus befinden, die vom Heimatverein ehrenamtlich betreut werden. Von den riesigen Grundstücksflächen des Hofes (früher: Brockenscheidt 1), die den halben Osten Waltrops umfassten und eine Größe von ca. 50 ha hatten, ist nur dieses Gelände mit Wohnhaus und Scheune aus dem Jahre 1904/05 übrig geblieben. Alles andere wurde für den Eisenbahnbau, die Zechensiedlung (Neue Kolonie) und den privaten Häuserbau (Ostring) in den Jahren um 1905 und nach 1912 verkauft. Die wechselvolle Geschichte des Hofes in der Bauerschaft Brockenscheidt begann nicht, wie bisher vermutet wurde, mit einer Kaufurkunde von 1393, in der das Gut „Ryphus" in Waltrop erwähnt wird, sondern wahrscheinlich vor 1289 mit einer Urkunde des Klosters St. Katharina in Dortmund, in der die Namen Rickard und Hildegund Ryphusen und der Kauf des Ryphus Hofes verzeichnet sind. Das 1215 gegründete Katharinenkloster besaß in und um Dortmund herum viele Höfe und Grundstücke, so auch den Ryphus-Hof in Waltrop. Erst 1828 ging der Riphaushof in den vollen Besitz der Familie Riphaus über.

Stammfolge:

I   Melchior **Riphaus**, Bauer und Kirchenprovisor, † Waltrop nach 1621,
      ∞ um 1580
      Anna N.N.

II   Johann **Riphaus**, * Waltrop um 1595,
      ∞ Waltrop 10.11.1624
      Christina **Bisplinghoff**, * Waltrop um 1600

III   Johann **Riphaus**, ~ Waltrop 12.11.1628,
      ∞ um 1670
      Anna **Schulte Renstringhausen**, ~ Waltrop 16.05.1644

IV   Theodor **Riphaus**, Landwirt in Brockenscheidt, ~ Waltrop 20.06.1683,
      ∞ Waltrop 05.03.1715
      Anna Elisabeth **Nierhoff**, ~ Waltrop 29.04.1687

V   Johann Peter **Riphaus**, Ackersmann in Brockenscheidt, ~ Waltrop
      26.03.1719, † nach 1806,

---

1   Erstabdruck in „Waltroper Senioren aktuell", Ausgabe 2/2009.

∞ Waltrop 23.04.1765
Johanna Catharina **Gronenberg**, ~ Waltrop 19.02.1746, † vor 1806

VI   Johann Hermann Gaudenz Franz **Riphaus**, Ackersmann in Brockenscheidt,
     Kirchenprovisor, ~ Waltrop 11.12.1774, † Brockenscheidt 14.07.1860,
     ∞ I. Waltrop 14.05.1795
     Maria Catharina **Tillmann**, * um 1777, † Brockenscheidt 09.04.1806,
     ∞ II. Waltrop 28.06.1808
     Christine Elisabeth **Kampmann**, * Groppenbruch, † Waltrop 05.12.1840

VII Johann Peter **Riphaus**, Höfner in Brockenscheidt, * Waltrop 28.08.1798,
     † 1873,
     ∞ Waltrop 26.08.1834
     Angela Elisabeth **Ferkinghoff**, * Holthausen 21.09.1815

VIII Theodor Joseph **Riphaus**, Höfner in Brockenscheidt, * Waltrop 25.05.1845,
     ∞ I. Waltrop 11.11.1873
     Antonette **Heilermann**, * Brockenscheidt 19.09.1849, † ca. 1885,
     ∞ II. Waltrop 24.11.1885
     Antoinetta Elisabeth **Voß**, * Seppenrade 12.09.1861, † Oberhausen-
     Sterkrade 13.01.1930,
     (sie: ∞ II. Waltrop 17.05.1898 Alexander **Stewen**, * Westönnen 15.11.1869)

IX   Heinrich **Riphaus**, Höfner in Brockenscheidt, dann in Heessen, später
     Kötter in Suderwich, * Waltrop 19.05.1888, † Recklinghausen 08.11.1966,
     ∞ Hamm-Heessen 11.09.1913
     Franziska **Hördemann**, * Oberwiese 26.11.1891, † Recklinghausen
     27.05.1966

Das waren in Kurzform die uns bekannten 9 Generationen, die auf dem Riphaushof gelebt haben.

Das letzte Kapitel des jahrhundertelangen Besitzes des Riphaushofes durch die
Familie Riphaus beginnt 1895 mit dem Tod von Theodor Riphaus unter Zurück-
lassung seiner 2. Ehefrau mit 4 Kindern. Die Witwe Antoinetta Elisabeth, geb.
Voß, heiratete 1898 den gelernten Landwirt Alexander Stewen, der mit seinem
Bruder Hermann Stewen (Kaufmann) auf den Riphaushof kam. Der minderjährige Hoferbe Heinrich bekam einen Vormund, von dem nur noch der Nachname
Beckmann bekannt ist. Am 28.12.1903 brannte das Wohnhaus mit der Stallung
ab und wurde 1904/1905 neu aufgebaut, so wie es heute noch zu sehen ist.
   Wie der stattliche Hof 1912/13 den Besitzer wechselte, darüber gibt es
verschiedene Versionen. Zeitungen von 1937 und 1939 berichten, dass die Gemeinde Waltrop den Riphaushof für rd. 225.000 RM von den Brüdern Alexander

6

und Herman Stewen erworben habe, und diese ihn wiederum von dem Erben Heinrich Riphaus. Der Sohn Johann Riphaus, heute noch in Recklinghausen wohnend, schildert das aus Erzählungen seines Vaters, der sich um sein Erbe betrogen fühlte, ganz anders: Als der Vater in Baden im Militärdienst war, wurde der überschuldete Hof (u. a. durch Wettschulden des Stiefvaters Alexander Stewen) an die Gemeinde Waltrop verkauft, ohne dass er etwas davon wusste. Bei seiner Entlassung aus dem Militärdienst stand er vor geschlossenen Türen „seines" Riphaushofes. Mutter, Stiefvater und Geschwister waren nach Oberhausen verzogen.

Abb. 1: Links das Heimathaus (ehemaliges Hauptgebäude),
vorne das Heimatmuseum (ehemalige Stallungen und Scheune)

Von dem 1913 noch 26,5 ha großen Riphaushof blieben nach dem Verkauf des größten Teils an die Zeche für die „Neue Kolonie" und private Bauherrn noch 5,5 ha übrig. In den Jahren danach diente der restliche Hof unterschiedlichen Nutzungen, bis das lange vorgesehene Freibad und das Allwetterbad gebaut wurden (1957 bzw. 1981). Zu dieser Zeit kaufte Wilhelm Stog den Riphaushof und nutzte das heutige Heimathaus als Büro für seine Firma. Das heutige Heimatmuseum war zu der Zeit Schweinestall und Scheune des ehemaligen Bauernhofs. Dieser Anbau wurde dann zu dem umgestaltet, was er heute ist. Es wurde das Erhaltenswerte erhalten und die Umbauten wurden mit sehr viel Liebe für das Detail ausgeführt. W. Stog hat damals sehr viel Wert auf die besten Handwerker gelegt und hat dafür gesorgt, dass alte Materialien verwandt wurden. So ist eine sehr alte Tür im oberen Stockwerk verbaut worden, die ursprünglich aus einer Kapelle aus dem Münsterland stammt, die seinerzeit abgerissen worden ist. Nach Aufgabe der Firma erwarb die Stadt Waltrop 1992 erneut den Riphaushof. Zuerst wurden Asylbewerber in dem Gebäudeteil untergebracht, der jetzt seit 2007 das Heimathaus ist. In dem schön ausgebauten früheren Wirtschaftsgebäude begann man 1994 mit der Einrichtung des Heimatmuseums, das 1996 vom ehemaligen Stadtdirektor Norbert Frey eröffnet wurde.

Abb. 2: Das ehemalige Haupthaus des Riphaus-Hofes, jetzt Heimathaus.

Abb. 3: Eingangsbereich des heutigen Heimatmuseums

Grundlage unserer Geschichte über den Riphaushof sind die Informationen von Herrn Johann Riphaus (* 1929), dem wir für die gute Zusammenarbeit danken.

Weitere Quellen: Kirchenbücher, örtliche Tageszeitungen, Heimatbuch-Geschichte der Stadt Waltrop (Dr. Josef Lappe, Norbert Frey), Brita Bockelbrink, Vestisches Archiv

Dortmunder in Amsterdamer Notariatsarchiven

mitgeteilt von Jos Kaldenbach

Die Notariatsarchive unserer [d.s. die Niederlande, Anm. d. Red.] Hauptstadt sind überaus ergiebig und alt. Das Problem ist nur, wie man aus den vielen Kilometern Akten klug werden kann und die Dortmunder findet. Der ehemalige Stadtarchivar hatte einen Anfang mit der Indizierung gemacht. Da habe ich einige schöne Beispiel herausgesucht:

1: Nicolaus **Pijnnoge** aus Dortmund ist der Halter eines Wechsels in Höhe von 1.472 Gulden und 15 Stuyvers bei Steven **van Biesten**, Weinkäufer, bezüglich Stoffel **Gerritsz.**, Käufer, der ihn am 14.2.1592 akzeptiert und morgen zahlen wird.
Signatur 8/223v beim Notar Cornelis A. van Huyswaert.

2: IJsbrant **Rodenborch** aus Dortmund kauft ein Schiff für 2.400 Mark Lübecksch von Gerbrand **Jansz.** Die erste Rate war am 11.10.1591 fällig. Wann erfolgen die restlichen Zahlungen? Protest.
Signatur 43/26ff. vor Notar L. Heylinc vom 30.7.1592.

3: Jan **Becker**, Bürger zu Dortmund, überträgt eine Obligation vom 17.7.1587 in Höhe von 125 Gulden zu Lasten von Bernd **Kerckman**.
Signatur 43/31v.

4: Kurzmeldungen:
    a) Lambert **Nijs**, Leumundszeugnis für Jan **Nijs**, 1629.
    b) Barend **Cornelisz.**, Schwager von Treijntje **Barents**, 1651.
    c) Jan **van Munster**, ∞ Catharina **Norvenich**, mit Stammreihe, 1657.
    d) Peter Zacharias **Lobbeke**, 1726.
    e) Jan **Gieselaar** van Dortmont, ∞ Weesp 20.2.1785 Angemitje **Gutte**
        (Trauungen 85/127)
Usw.

Die niederländischen Vorfahren
Melchiors II. Wrede de Frönsberg zu Stockum

von Jürgen Peters

1. Melchior II. **Wrede** de Frönsberg, urkl. 1611–1628, * ca. 1590; ∞ (Sundern-)Stockum 31.05.1616
    Anna **Wrede** de Amecke, * ca. 1596, die Eheleute wohnen am Markt zu Stockum; 1634 werden die Häuser Berchum und Frömersberg geplündert.
    Kinder:
    a) Theodor, * Amecke 09.12.1618, ∞ 23.01.1657[1] Helena **Brochers**, * Plettenberg um 1630.
    b) Barbara, * Stockum 07.03.1621.
    c) Johannes, * Stockum 17.12.1623.
    d) Anna, * Stockum 18.03.1628.
    wahrscheinlich:
    e) Peter, * nach 1628 (KB Lücke 1628–1638), Schulmeister und Gerichtsschreiber zu Hellefeld, ∞ Barbara **Zöllner**.

2. Melchior I. **Wrede** de Frönsberg, urkl. 1570–1614, * um 1548, † nach 30.03.1614, Schöffe der Stadt Zwolle/NL 1585-1593. Führt mit seinem Vater Johann einen Prozess um die Familiengüter bei Werl, die bei der Erbteilung 1534 dem Bruder ihres Vaters bzw. Großvaters zugefallen waren (siehe unten) und die von Henneken Wrede zu Stockum (∞ Elisabeth v. Fürstenberg) ohne Wissen seiner Brüder Heinrich u. Johann an Johann, Melchiors Vater, verkauft wurden. Belehnt mit Wocklum für seine Frau am 21.11.1576 von Salentin Gf. v. Isenburg, Kurfürst und Erzbischof von Köln. Wocklum am 03.02.1580 an Hermann v. Hatzfeld verkauft. Von Herzog Wilhelm belehnt mit Frömersberg am 08.05.1570, nachdem sein Vater auf die Rechte verzichtet hatte. Ebenso am 10.02.1602;
    ∞ I. (Ehevertrag) 10.03.1570
    Maria **v. Böckenförde gen. Schüngel** zu Wocklum, † Niederlande vor 1582, Witwe von Christoph v. Delwig, T.d. Arnd v. Böckenförde gen. Schüngel zu Wocklum (□ 15.03.1574) und der verstorbenen Kath. v. Isselmodde (Ijsselmonde). Sie erhielt laut Ehevertrag vom Vater ein Gut im Stift Utrecht übertragen, vermutl. Erbteil der Mutter.[2] Laut Wilh. Honselmann zogen Melchior und Maria in die Niederlande, um das Erbe von Marias Mutter in Besitz zu nehmen. Maria starb in den Niederlanden unter Hinterlassung mehrerer Kinder.

---

1 Trauzeuge u. a. Peter Wrede.
2 Ihre Tochter aus 1. Ehe Margarethe v. Delwig heiratet Johann v. Heese.

Kinder 1.Ehe:

a)   Gerrit/Gerardt, urkl. 1613, wird danach in den Niederlanden nicht mehr genannt.

b)   Johann IV., zu Frönsberg, Hedthof und Berchum, urkl. 1611–1666, † vor 13.09.1669, am 16.08.1628 vom Gf. v. Bentheim mit dem Gut Einhaus bei Berchum belehnt, ebenso am 11.05.1666. 1637 von Kurfürst Georg Wilhelm belehnt mit Frönsberg und dem Zehnten zu Berchum,

∞ 1626

Anna Sophia **v. Romberg**, Erbin von Berchum, † vor 09.05.1661 (vermutl. schon vor dem 09.06.1645), zuletzt gen. als Patin im KB Berchum am 06.07.1642, T.d. Johann v. Romberg und Frederun Torck zu Edinghausen;

deren Kinder:

(1)   Melchior, † nach 27.04.1653 (= Pate in Berchum), Erbherr zu Berchum und Frönsberg.

(2)   Gerhard Philipp, † vor dem 16.07.1692, Herr zu Frönsberg, Heedhof und Berchum,

∞ um 1660

Johanna Elisabeth **v. d. Mark**, † vor 1687, T.d. Gotthard Friedrich v. d. Mark zu Villigst, Drost zu Schwerte, u.d. Klara v. Ascheberg;

deren Kinder: [3]

(I)   Klara Helena, Erbin von Berchum nach dem Tod ihres Bruders Edmund Dietrich Adolph,

∞ vor 1689

Gerhard Moritz **v. Kettler** zu Brüggen.

(II)   Johann Friedrich Jobst, gen 1668, † nach 17.09.1693.

(III)   Edmund Dietrich Adolph, † 18.02.1705, gen 1669, 1698 Herr zu Frönsberg, Berchum und Heedhof; nach seinem Tod wurden die Lehen Frönsberg und Heedhof vom preuß. König für heimgefallen erklärt. Frönsberg gab der König an seinen Kammerrat Paul Anton Freiherr v. Camecke, von dem es die Familie Romberg zu Edelburg kaufte.

(IV)   Johann d. J., † um 1689, gen 1649, Herr zu Frönsberg.

(V)   Anna Sophia, † 03.06.1691,

∞ um 1650

Dietrich Friedrich **v. Romberg** zu Edelburg, † 14.08.1676.

---

3   weitere uneheliche Kinder des Gerhard Philipp Wrede:
-   Kaspar, ~ Berchum 12.06.1659, Mutter. Anna Severing; Köchin bei Gerhard Wrede.
-   Johann, ~ Berchum 1663, Mutter nicht genannt.
-   Anna, ~ Berchum 05.03.1687, Mutter: Catharina Lübbers.

(VI) Magdalena, † nach 20.01.1713,

∞

Barthold **Klepping,** zu Haus Koverstein (keine Kinder).

(VII) Katharina Elisabeth, † 22.06.1717, 76 J. alt,

∞ I. um 1665

Joh. Engelbert **v. Bönninghausen** zu Apricke, davon 3 Kinder;

∞ II.

Niclas **Becker** zu Altena.

∞ II. (Eheberedung) 02.12.1582 (Zeugen: Melchior Wrede und Ghese ten Bussche, die Mutter der Elisabeth)

3. Elisabeth (Bette) **v. Speulde** (Spoel, Spolde), ...
Kinder:
a) Melchior II. **Wrede,** * ca. 1590, siehe 1.
b) Catharina, * Zwolle um 1593, † um 1642, urk. 1611–1628,

∞ um 1614

Berhardt **Buissonnet,** * Zwolle um 1589, † vor 06.04.1528, urk. 1613–1628;

deren Kinder:

(1) Anna **Buissonnet,** * Zwolle um 1615,

∞ Zwolle um 1642

Frans **Bowijer.**

(2) Andries **Buissonnet,** urkl. 1642 Kornet,

∞ I. Zwolle Dezember 1645

Johanna **Witten,** * 02.07.1619, † 17.03.1648, ☐ Zwolle 26.03.1648, T.d. Henrick Witten u.d. Johanna van Hoeclum;

∞ II.

Helena **Huerninck.**

c) Elisabeth, urkl. 1611–1616, † um 1628,

∞ nach 1616

Edmont **van Obsnits gen. Roo** (Rohe zu Obsinnich).

4. Johann III. **Wrede,** zu Rödinghausen und Frönsberg, urk. 1557–1593, * um 1510, † nach 1593 (letztmalig gen. am 07.07.1593 über 80 Jahre alt);

∞ um 1546

5. Katharina **v. Letmathe,** Witwe, † nach 10.03.1570,

∞ I. um 1524[4]

Johan **v. Werminghausen** zu Apricke und Rödinghausen.

Kinder Wrede:
a) Melchior I. **Wrede,** * um 1548, siehe 2.
b) Anneken, urk. 1570.

---

4 aus dieser Ehe: Hermann v. Werminghausen zu Langenholthausen und Apricke urkl. 1585-1593.

c) Elisabeth, Nonne zu Oelinghausen, urkl. 1570.

6. Gerrit **v. Speulde**, † Harderwijk vor 22.10.1575, 1557 Bürgerrecht der Stadt Zwolle;
   ∞ 25.04.1541
7. Ghese **ten Bussche**, urk. 1547–1557, * 25.04.1514, † 02.06.1607.
   Kinder:
   a) Elisabeth (Bette) **v. Speulde** (Spoel, Spolde), siehe 3.
   b) Jan, † vor 1579.
   c) Herman, urkl. 1579–1599, Schöffe der Stadt Zwolle 1579–84 und 1608–15, Cameraar 1608, 1610, 1612, 1614, 1616†.
   d) Gerrit, Schöffe der Stadt Zwolle 1596–1607.
   e) Gerbert, ...
   f) Gertrud,
      ∞ 24.09.1577
      Willem **van Hoeclum**, † 1595 (10 Kinder).

8. Johann II. **Wrede** zu Frönsberg und Hedthof, urkl. 1517–40, † zw. 22.07.1554 und 01.06.1557, wurde am 02.04.1540 mit Frömersberg im Amt Iserlohn von Hzg. Wilhelm v. Jülich-Kleve, Berg, Gf. v. d. Mark und Ravensberg belehnt,
   ∞ vor 1530
9. Elske, † nach 1554
   Kinder:
   a) Johann III. **Wrede**, * um 1510, siehe 4.
   b) Heinrich, zu Frönsberg, belehnt am 01.06.1557 mit Frönsberg, † vor Juli 1564.
   c) Kaspar, zu Hedthoff, † vor 1577,
      ∞
      Anna **v. Eickel**, zu Bruchhausen (bei Arnsberg), T.d. Heinrich v. Eickel u.d. Dorothea v. Böckenförde gen. Schüngel; Ehe blieb kinderlos.
   d) Margareta,
      ∞
      Johann **Bröseken**, Bürger zu Soest, beide Eheleute und zwei Kinder † Soest kurz vor Juni 1554.
   e) Mechtild, urkl. 1564.
   f) Klara, † um 1606, urk. 1556–1564, vermutl. Stiftsdame in Elsey.
   g) Agnes, urkl. 1564.

10. Bernd **v. Letmathe**, zu Langenholthausen, ...
    ∞
11. Katharina **v. Kobbenrode**, ...

12. Gerrit **v. Speulde**, † Harderwijk 1540,
    ∞ 22.03.1499
13. Geertruida **v. Heuckelum**, † vor März 1512.
    Kinder:
    a)   Gerrit **v. Speulde**, siehe 6.
    b)   Johan, † kurz nach 1538.
    c)   Cecilia, † 08.09.1586,
          ∞ I. 23.01.1526
          Geert **ten Water**, urk. 1532–44, † Sept./Okt. 1545, Bürgermeister
          der Stadt Zwolle, Stadtzimmermeister 1544, S.d. Simon ten Water
          u.d. Bessele v. Wytmann;
          ∞ II. 07.03.1547
          Lucas **v. Essen**, Schöffe der Stadt Zwolle 1557–58, Keurmeester
          1557–58, 1569†, Witwer von Helena Spaen van Camphuysen
          († vor 1547).
    d)   Lucia, ...
          ∞
          Johan **Voet**, urk. 1500–69, S.d. Dirk Voet u.d. Machteld NN. (11
          Kinder).

14. Hermann **ten Bussche/Bossche** (Geerbertssohn), urk. 1504–25, † um
    1537,
    ∞
15. Bette **Snaevel**, ...
    Kinder:
    a)   Ghese **ten Bussche**, * 1514, siehe 7.
    b)   (Gerbert) Egbert, † um 1547.

16. Johann I. **Wrede** zu Amecke, Frönsberg und Heedhof im Ksp. Hemer,
    urkl. 1477–97, † um 1517, seit 26.02.1494 Amtmann Iserlohn. Johann,
    Hzg. v.Kleve und Gf. v. d. Mark, übertrug ihm am 13.12.1485 das Freigut
    Vromersbert[5]. Johann blieb allerdings in Amecke wohnen,
    ∞ nach 1477
17. Margaretha **v. Rotthausen**, ...
    Kinder: (Erbteilung 1534: Dietrich bekommt Amecke und Johann bekommt
    Frönsberg)
    a)   Johann II. **Wrede**, siehe 8.
    b)   Dietrich (Theodor), zu Amecke, urk. 1517–34,
          ∞
          Margareta **v. Kobbenrode**, zu Melschede, T.d. Johann v. Kobbenrode,
          deren Kinder:
          (1)   Henneke, zu Stockum,

---

5   = Frönsberg.

∞ um 1545

Elisabeth **v. Fürstenberg**, Witwe des Christian v. Plettenberg zu Lenhausen und Stockum.

(2)   Heinrich, zu Amecke,

∞

Anna **v. Lüdinghausen gen. Wolf**, ...

(3)   Johann, zu Melschede,

∞ 1563

Anna **Schade**, T.d. Stephan Schade zu Wildshausen (Kr. Arnsberg) u.d. Chistophera v. Padberg.

(4)   Johann (illigitim), Mutter nicht gen., seit 1534 Richter in Allendorf,

dessen Sohn:

(I)   Dionysius, urk. 1574.

Die ersten drei Kinder führen seit 1571 einen Prozess mit den Verwandten zu Frönsberg (s. oben).

c)   Stine,

∞ vor 1502

Hermann **Löbbecke**, Bürgermeister Iserlohn, beide letztmalig gen. am 29.09.1542.

d)   Margareta, Stiftsdame zu Fröndenberg, urk. 1534.

24.   Gerrit **v. Speulde**, † Harderwijk vor 26.02.1505,

∞ II. 1482

Jacobje **de Vriesje**, Witwe des Gerrit v. Eecket, ...

Kinder:

a)   Gerrit, † 1530,

∞ 17.06.1521

Golda **v. Wijnbergen**, T.d. Sywert Jansz. v. Wijnbergen u.d. Stijne v. Heuckelum (s.u. bei Ahnen 26./27.),

deren Kinder:

(1)   Jacoba,

∞ 24.10.1542

Joseph **v. Arnhem**, urk. 1509–86, Schöffe in Arnheim 1539, Mitglied der Ritterschaft 1553, Drost von Harderwijk, S.d. Johann v. Arnhem († Kernhem) u.d. Aleid v. Bemmel.

(2)   Anna, ...

b)   Claes, ...

∞ I. um 1465

25.   Celike **Voet**, ...

Kind:

a)   Gerrit **v. Speulde**, siehe 12.

26. Johan **v. Heuckelum** (Hoeclum), ...

∞

27. (Johanna) Geertruida **van Salland**, ...
Kinder:
a)   Geertruida **v. Heuckelum**, siehe 13.
b)   Wilhelm, ...
      ∞ 18.01.1501
      Zwedera **v. Wijnbergen** (4 Kinder).
c)   Stijne
      ∞
      Sywert Jansz. **v. Wijnbergen**, ...
      deren Kind:
      (I)   Golda, ...
           ∞ 1521
           Gerrit **v. Spulde** (Kinder siehe oben bei Ahnen 24./25.).

28. Geerbert **ten Bussche**, gen. 1478–97, † 1504.

32. Henneken **Wrede**, Hennekens Sohn, urk. 1477,
∞ I.
N.N., T.d. Rotger **v. d. Neuhoff** gen. dey Duwe.
Kind:
a)   Lysa, ...
      ∞ I. 1463
      Engelbert **v. d. Westhove** zu Letmathe, ...
      ∞ II. 22.04.1488 (Ehevertrag)
      Goswin **Hane** zu Werwe, ...

∞ II.
33. Lysa **v. Plettenberg**, ...
Kinder:
a)   Johann I. **Wrede**, siehe 16.
b)   Margareta, ...
      ∞ 1477
      Hermann **v. Syberg** zum Busch, ...

34. Arnd **v. Rotthausen**, urk. 1437–42 Amtmann Iserlohn, ...

∞

35. Grete **v. Witten**, urkl. 1437, ...
Kinder:
a)   Margaretha **v. Rotthausen**, siehe 17.
b)   Arnd, Ratsherr in Iserlohn, 1490 Bürgermeister ebd., ...

c)   N.N., ...

   ∞

   Johann **Katerpoil** zu Iserlohn, ...

56.   Reynolt **ten Bussche**, urk. 1458, † um 1478.

64.   Henneken **Wrede**, ...

66.   Heinrich **v. Plettenberg** zu Waldenburg, ...

112.   Herman **ten Bussche**/Bossche, urk. 1415, 1433, 1457, † um 1458,
   Kinder:
   a)   Reynolt **ten Bussche**, siehe 56.
   b)   Goessen, urk. 08.04.1477.
   c)   Gerbert, urk. 04.12.1458, † um 1475,
        dessen Sohn
        (1)   Tymann, gen. 14.03.1475, † 1533,
              dessen Sohn:
              (I)   Johann, † vor 1533
                    dessen Sohn:
                    (i)   Timann, urk. 1533–1557, † vor Juli 1557

224.   Gerbrant **ten Bussche**, † um 1415, gen. 1402, 14.01.1405 Rentmeister
   von Salland, ...

Quellen:
– Kirchenbücher von (Sundern-)Stockum
– Informationen von Wolfgang Schledde
– Kirchenbücher von (Hagen-)Berchum
– Hohenlimburger Heimatblätter, mehrere Ausarbeitungen von Wilhelm
   Honselmann, u. a. Frönsberg bei Hemer

- www.archieven.nl:
   1. Gelders Archief, 0481 Familie Van Rhemen,
      1.2.6. Familie Voeth, Urk. 999 (Huwelijksche voorwaarden tusschen
      Melchior de Wrede en Geysen van den Busch, weduwe van Gerrit
      van Spuelde opgericht).
   2. wie 1., Urk. 1472 (wijting door Gerardt en Johan de Wrede aan hunne
      zwager en zuster, Bernhard Bussonet en Catharina de Wrede, afgege-
      ven voor hetgeen aan hen toekwam voor aankoop van goederen, uit de
      moederlijken boedel afkomstig. Papier, onderteekend door de gebroeders
      Wrede en hunnen vader, Melchior de Wrede).

3. wie 1., 2.2.2. Dalfsen, Urk. 832 (Koopbrief van het goed Abshorst, gelegen in de buurschap Rechteren en Millingen, kerspel Dalfsen, verkocht door Johan de Wrede, aan zijn zuster Catharina, wed. Buysonnet. Getekend door de partijen).
4. wie 1., 2.2.18. Zwolle, Urk. 778 (Gerhard en Johan de Wrede geven volmacht aan Hermen van Dongen en Arent Gerritsen om uit hun naam te transporteren aan Bernart van Buissonet en diens vrouw Catharina de Wrede, de hun toekomende vijfde deelen in de erfgoederen en renten, hun aangekomen door het overlijden van hun moeder Elisabeth van Speulde, welke goederen in hoofdzaak in en om Zwolle zijn gelegen).
5. wie 4., Urk. 779 (Gerbrant van Speulde geeft volmacht aan Arnt Gerrits en Goessen Arnts om uit zijn naan te transporteeren aan Bernhart Bussonnet en Catharina de Wrede, echtelieden, het door hem aan hen verkochte huis, in de Koestraat te Zwolle).
6. Stadsarchief van Zwolle, 700B, 1230-1813, deel II,
    1.2.7.1.2.3.2.3.3. Processtukken, Urk. 2585 (Melchior de Wrede tegen Gerhard ter Borch wegens een vordering in geld).
7. wie 6., Urk. 2600 (Johan van Steenwijk tot de Grote Scheer tegen Melchior de Wrede over een vordering in geld).
8. 1164, Van Twenhuisen-Hoefslag-Helmich, 3.1. Bijlage 1, Urk. 7.

– www.let.leidenuniv.nl/Dutch/Cecilia/tekst.html (Briefe der Familie Spuelde)
– www.historischcentrumoverijssel.nl
    Lehnsprotokolle, u. a. Bestand 1442. Schultenamt Wijhe, Bauerschaft Herxen
– Informationen von Klaas Padberg Everboer aus den Niederlanden
– Informationen von Nic Hissen aus den Niederlanden
– Rijksarchief Utrecht, Urk.
– Urkundenbuch der Stadt Iserlohn, Urk.: 150, 162, 168, 195, 230, 267, 296

Berichtigung

von Dr. Jörgen Beckmann

Bei der Durchsicht des Rolandheftes Band 11, Heft 04 / 1998, Seite 77–78, „die Familien Wilberg im Kirchspiel Herbede", scheinen Herrn Dr. Gormann bei der zitierten Liste von 1578 Lesefehler unterlaufen zu sein. Die Liste ist auf Seite 66 der Hevener Chronik „Ernst Stapperfenne (Herausgeber), HEVEN durch 11 Jahrhunderte, Witten 1990" korrekter abgedruckt.

In der Roland-Bibliothek unter Signatur „AA 65" vorhanden!

Geschichten aus der Familiengeschichte[1]

Eine Übersicht der wichtigsten Stammväter unserer Familie

von Dieter Mättig

Dieser Tage bin ich durch Zufall in der Erforschung unserer Familie ein großes Stück weiter gekommen. Das ist dem Umstand zu verdanken, dass unsere Familiendaten auch in eine in den USA beheimatete internationale Datenbank eingegeben wurden. Diese Datenbank (ancestry.com) zeichnet sich dadurch aus, dass sie unter den vielen Millionen Einträgen automatisch nach möglicherweise übereinstimmenden sucht und eine Liste erstellt. Da kann man dann nach Prüfung entscheiden, ob der Eintrag interessant ist oder nicht.

So fand ich die Vorfahren von Evert Frerichs Rittberg (1766-1843), ein Altvater (= Ururgroßvater) meiner Mutter Rosa, geb. Meinen. Dabei stellte sich heraus, dass er eigentlich Rietberg heißen musste und von den Grafen von Rietberg (nahe Gütersloh, der „Bertelsmannstadt" in NRW) abstammte. Aus den Ehen dieser Grafen ergaben sich weitere interessante „Abstecher" in die Welt des Adels.

Summa summarum lässt sich sagen, dass die bunte Reihe meiner Stammväter und -mütter eine besondere Betrachtung lohnt, die hiermit geschehen soll.

Der älteste bekannte Mättig-Vorfahre ist

Christoph Mättig, geb. ca. 1600,
Schmiedeknecht in Oberseifersdorf bei Zwickau, Sachsen,
verheiratet mit Sarah, einer Witwe Glatte.

Er ist mein Stammvater, auch im streng genealogischen Sinn, denn so heißt der Großvater mit 8 mal Ur- davor. Wie die zahlreichen Mättigs im „Zittauer Zipfel" dürfte auch er zu den böhmischen Exulanten bzw. deren Nachfahren zählen, die wegen ihres Beharrens auf der protestantischen Lehre das katholische Böhmen verlassen mussten. Pfarrer und Lehrer des Namens Mättig sind in der Exulanten-Literatur etliche zu finden. Christoph war wohl noch Kind, als seine Eltern auswanderten.

Somit sind diese in den erst 1630 beginnenden Kirchenbüchern nicht zu finden.

Hierhin gehört auch der älteste bekannte Vorfahre meiner **Großmutter Minna Cordes**, aus deren Ehe mit einem Mättig mein Vater hervorging und somit ich selbst.

Ihr Oberurgroßvater (= Großvater mit 7 mal Ur- davor) war

---

1   Eine Schriftenreihe von Dieter Mättig; hier: Ausgabe 6, August 2011.

Hinrich Onken, auch Onneken, geb. ca. 1550 in Jade,
gestorben nach 1613 in Brink.
Er besaß dort eine Vollbauernstelle (*hele Arve* = ganzes Erbe).

Jade gehörte zum Kirchspiel Rastede. Dem Mannzahlregister[2] der Vogtei Rastede von 1581 verdanke ich die obigen Angaben zu Hinrich Onneken und das Wissen, dass er bis dahin mit Harnisch und Spieß gerüstet war, dann „volle Rüstung". 1613 wird er noch zur „Fräuleinsteuer" veranlagt. Er zahlt 6 Reichstaler und bleibt 3 Reichstaler und 19 Grote schuldig.

Ihr weiterer Stammvater war

Hilvert zur Horst,
1540-1581 in Brink bei Rastede,
Hausmann auf einer Vollbauernstelle.

Er erscheint ebenfalls in dem erwähnten Mannzahlregister, die Angaben darin stammen aber von Nachbarn. *He avers wedt edt nich.* ist dort vermerkt. Sein früher Tod lässt vermuten, dass er zu dem Zeitpunkt schon dement war.

In dessen Linie mündet ein die Linie ihres Obergroßvaters

Marten Carstens, ungefähr 1591-1674,

der als Häusling (Pächter) in Jaderberg gelebt hat. Von ihm gibt es keine persönlichen Zeugnisse oder Dokumente.

Nun kommen wir zu der mütterlichen Seite, also den Vorfahren von Rosa Mättig, geb. Meinen, eigentlich **Rosetchen Amalie Meinen**.
Ihre väterliche Linie geht zurück auf

Hayko Hayen,
geboren ca. 1570 in Middels bei Aurich/Ostfriesland.

Er war Besitzer eine „halben Platzes", also eines kleineren Bauernhofes und wurde im Schatzungsregister von 1632 mit 1 Schornstein veranlagt. 1653 war er nicht mehr auf dem Hof, wobei unklar ist, ob verzogen oder gestorben. Überhaupt wissen wir von ihm nur Weniges, das aus den zahlreicheren Angaben bei seinem Sohn Hayo Meinen geschlossen werden kann.

Die großmütterliche Linie meiner Mutter geht zurück auf

---

2   Mannzahlregister ist das Verzeichnis der wehrfähigen Männer.

Konrad II. Graf von Rietberg,
1251-1305, Rietberg/Westfalen,
ihren Urahnenurgroßvater (Urgroßvater in 16. Generation)

Die Rietberger Grafen führten später dieses Wappen, das dem Kenner auch die Verbindung nach Ostfriesland aufzeigt. Die Erbtochter Walburgis hatte 1581 den Grafen Enno von Ostfriesland geheiratet.

Das Bild zeigt das Wappen der Familie Kaunitz-Rietberg, Grafen von Rietberg, die die Grafen von Rietberg-Ostfriesland beerbten. Das Wappen setzt sich zusammen aus dem goldenen Adler auf rotem Grund der Familie von Rietberg (links); dem Esenser Bären und den Wittmunder Peitschen für das Harlingerland (rechts); dem goldenen Jungfrauenadler auf schwarzem Grund der Familie Cirksena (Mitte); darüber als Herzschild das Wappen der Kaunitz, geviertelt, mit der Seerose der Kaunitz und der Rose der Sesyma-Austi.
(Nach: Wilhelm Krüggeler, http://www.kaunitz-rietberg.de [28.02.2013])

Vorher schon gab es eine Verbindung nach Ostfriesland durch **Otto III.**, der in 2. Ehe mit Onna, der Tochter des Häuptlings Hero Omken verheiratet war. Dadurch erwarb er die Anwartschaft auf das Harlingerland. Er zeugte aber auch einen „natürlichen" Sohn, also einen „Bastard". Der nannte sich

Evert von Rietberg,
lebte von ungefähr 1530 bis 1580 in Esens

und begründete die Linie, die sich zunächst Ritberg, Rietberger und Rittberg nannte und schließlich auf diesen Namen verzichtete, indem man mit

Altjen Evers Frerichs, 1811–1874,
meiner Ururgroßmutter,

zur ostfriesischen patronymischen Namensgebung zurückkehrte.
   Ich bin ziemlich sicher, dass sie sich ihrer „adligen" Herkunft nicht bewusst war, als Sie den Warfsmann und Arbeiter Andreas Meinen heiratete.

Von Otto III. ist noch nachzutragen dessen Mutter,

Margarethe zur Lippe, 1452–1527,
aus dem Detmolder Fürstenhaus zur Lippe,

die also auch zu den „durchlauchtigen" Vorfahren zählt.

Altjen Evers Frerichs hat unter ihren interessanten Vorfahren auch den Obervater

Prof. Johannes Potinius, 1566–1611,

der an der Universität Helmstedt tätig war.

Sein Sohn

Friedericus Ulricus Potinius, 1604–1675,

studierte in Helmstedt Theologie, ging als Schulrektor nach Aurich, als Pastor nach Stedesdorf.
   Dort begründete er nach seiner Heirat mit Eva Thomas die „Potinius-Dynastie" aus Pfarrern und anderen Kirchenbediensteten, der letztlich auch Altjen Evers Frerichs entstammt.

Lange im Dunkeln lag die Herkunft meiner Großmutter mütterlicherseits Amalie Meinen geb. Trumpf. Nur bis zu ihrem Vater reichten die vorliegenden

Daten, bis ich auf meine Cousins 2. Grades, Horst Hartmann und Fritz Trumpf stieß bzw. die beiden, ebenfalls Familienforscher, auf mich. Mit ihnen habe ich also den Urgroßvater Trumpf gemeinsam.

Sie führten mich zu meinem Obergroßvater (6mal Ur-Großvater)

Adam Trumpf, geboren um 1690,
im Fürstentum Lippe,
dem Territorium der oben erwähnten Margarethe zur Lippe.

Von ihm ist allerdings auch nicht mehr bekannt, als dass er der Vater ist von Christoph Henrich Trumpf, dessen Sohn wiederum, nämlich

Johann Hermann Trumpf, geb. 1746 in Heiden bei Lage/Lippe,

als Heuerling in Heiden lebte und mit seiner Ehefrau Friederike Grautings 5 Kinder hatte.

Sein Sohn Franz Hermann ging als Wanderziegler nach Dykhausen in Ostfriesland und schuf so die Voraussetzung, dass die Trumpfs zu den Meinens fanden und damit den Reigen beschlossen.

Elverfeld-Forschung in Westfalen

Zur Herkunft der Wolbecker Familie Elverfeld

von Christian Loefke

Bei meiner Suche nach den Wurzeln der Wiedenbrücker Familie Elverfeld (Elberfeld) stieß ich – wie auch schon andere Forscher vor mir – auf den 1719 in Wiedenbrück eingebürgerten Richter Johann Bernhard Elverfeld aus Heessen an der Lippe.[1] Eine Verbindung zu den späteren Wiedenbrücker Elverfelds ließ sich bisher allerdings nicht belegen. Dies liegt unter anderem daran, dass sich der Richter in Wiedenbrück rar machte. Finden sich in den ersten Jahren noch Nachrichten über seine Tätigkeit in den Ratsprotokollen, so bleibt sein Privatleben jedoch völlig verborgen, da er in den Kirchenbüchern anscheinend

---

1 FLASKAMP, Franz: Die Bürgerlisten der Stadt Wiedenbrück, Teil 1: Stadtbuch 1480 bis 1541, Bürgerbuch 1549 bis 1730. Rheda 1938 (Funde und Forschungen zur Natur und Geschichte des Kreises Wiedenbrück), S. 67.

noch nicht einmal als Pate genannt wird,[2] obwohl doch seine Schwester Maria Elisabeth seit 1707 zunächst mit dem Wiedenbrücker Bürgermeister Hermann Schulte und nach dessen Tod seit 1718 mit dem Wiedenbrücker Stadtkämmerer Conrad Henrich Kersting verheiratet war und aus beiden Ehen insgesamt 10 Kinder hervorgingen.

Erst Ende der 1720er Jahre ändert sich das. Anscheinend „wegen Untätigkeit" von seinem Richteramt befreit, ging Johann Bernhard Elverfeld zurück nach Heessen und heiratete 1729 in Ahlen Anna Margaretha Juliana Ense, mit der er mindestens vier Kinder zeugte. Zu dieser Familie hatte Clemens Steinbicker im Zuge seiner Forschung zu den Vorfahren des Schriftstellers Levin Schücking bereits Material zusammengetragen und 1964/65 in zwei Aufsätzen veröffentlicht.[3] Weiteres Material stellte er mir Anfang der 1990er Jahre zur Verfügung. Insbesondere die Nachrichten zur Familie und den Kinder des Ehepaars Elverfeld / Ense wurden 2003 in seinem Beitrag über die Familie Ense veröffentlicht.[4] Als 5. Kind wird dort – allerdings mit einem Fragezeichen versehen – Ferdinand Joseph Elverfeld, Oberjägermeister in Wolbeck und verheiratet mit Catharina Kratz, genannt. Im Gegensatz zu den anderen vier Kindern ließ sich für Ferdinand Elverfeld kein Geburts-/Taufdatum feststellen. Die Kindschaft zu Johann Bernhard Elverfeld schien aber plausibel, da der sicher als Sohn bezeugte Johann Adolf Theodor Elverfeld (~ Heessen 31.01.1734) in Wolbeck 1764 Ida Oistendorff heiratete. Man konnte also annehmen, dass der Bruder als Vermittler fungiert hatte. Zudem deutete der Familienname der Ehefrau des Ferdinand Joseph Elverfeld auf die aus Herzebrock stammende und nach Wiedenbrück und Warendorf verzweigte Familie Craß hin.[5] Eine Verbindung also, die auf der Wiedenbrücker Verwandtschaft fußen musste.

Die Angaben zu den Taufpaten der sechs in Wolbeck getauften Kinder des Oberjägermeisters konnten zunächst weder die oben geäußerten Vermutungen bestätigen noch widerlegen, da bei den mutmaßlichen Verwandten keine Verwandtschaftsbezeichnungen hinzugefügt waren. So stellten Maria Mechthild Kratz – Patin beim zweiten Kind –, Maria Sibilla Catharina Schaeff (Witwe des Richters Ludolph Oistendorff) und *r(everendissi)mus d(omi)nus Ferdinandus Josephus Elberfeld, canonicus collegiatae ecclesiae ad s(anc)tum Ludgerum Monasterii,* – Paten beim vierten Kind –, Maria Francisca Adolphina Oistendorff – Patin beim 5. Kind – sowie – nochmals – *r(everendissi)mus d(omi)nus*

---

2   Wahrscheinlich handelt es sich aber bei dem 1719 genannten Paten *„dominus Jo(ann)es Henricus Elberfeld"* um ihn.

3   STEINBICKER, Clemens: Der Schriftsteller Levin Schücking. Ahnentafeln berühmter Deutscher, 126, in: Genealogisches Jahrbuch 4 (1964), S. 73-108; DERS.: Zur Ahnenschaft Levin Schückings: Elverfeld, in: Genealogie 7 (1964/65), S. 239-243. – Vgl. auch LOEFKE, Christian: Bibliographie Clemens Steinbicker, in: Beiträge zur westfälischen Familienforschung 63/64 (2005/2006), S. 524-539.

4   STEINBICKER, Clemens: von Ense – Ense, in: Beiträge zur westfälischen Familienforschung 61 (2003), S. 47-108.

5   FLASKAMP, Franz: Westfälische Vorfahren der Familie Hohenlohe-Schillingsfürst, in: Die Glocke Nr. 47 (1955).

Josephus Ferdinandus Elberfeld, collegiatae ecclesiae ad s(anctum) Ludgerum canonicus, et Maria Catharina Podiffe condicta Elberfeld – Paten beim 6. Kind – keine aktuelle Hilfe dar.

Die zwei Paten aus der Familie Oistendorff schienen zumindest die Steinbickersche Theorie zu stützen. Letztlich waren es aber die beiden Paten aus der Familie Elverfeld selbst, die entscheidend zur Klärung der Abstammung beitrugen.

1. Der Kanoniker Ferdinand Joseph Elberfeld in Münster

Werfen wir also zunächst einen Blick auf den zweifachen Paten Joseph Ferdinand[6] Elberfeld, Kanoniker des Stifts St. Ludgeri in Münster. Als erstes fällt der gleiche Vorname bei Kindsvater und Pate auf, so dass zu vermuten steht, dass sie keine Brüder waren – obwohl auch das nicht ausgeschlossen werden kann.

Über den Kanoniker sind weitere Einzelheiten bekannt. So soll er aus Neuhaus bei Paderborn stammen, wie er es bei seiner Immatrikulation an der Paderborner Universität am 14.11.1728 angab, und müsste demnach um 1710 geboren sein. Ein entsprechender Taufeintrag in Neuhaus ließ sich allerdings bisher nicht finden.[7] Etwas genauer sind wir dann über seine Zeit in Münster informiert.[8] Als Kanoniker der Kollegiatskirche St. Ludgeri trat er der Catharinen-Bruderschaft an St. Lamberti bei und war 1746 dort Scheffer sowie 1776 Aldermann. Von 1758 bis zu seinem Tod 1782 bekleidete er das Amt des Thesaurars an St. Ludgeri und war zudem Archidiakon von Hiltrup.

Aufgrund seines 1779 aufgesetzten Testaments (mit Siegelabdruck)[9] lässt sich ein kleiner Eindruck seiner familiären Einbindung gewinnen. So erhalten seine beiden Schwestern, Maria Josepha und Maria Clementina, Nonnen in Wiedenbrück, jeweils 12 Imperiales. Der Hauptteil des Erbes geht aber an seine „Vettern" und „Nichten": Clemens August sowie dessen Söhne Friedrich und Joseph in Wolbeck, Hubert Joseph, den er als Waise bezeichnet, sowie Anna Josepha und Mechthild. [Abb. 1]

Wie aus dem Testament hervor geht, hatte der Kanoniker für seinen „Vetter" Clemens August die Auszahlung der elterlichen Hausquote an dessen Geschwister Hubert Joseph und Anna Josepha mit jeweils 125 Rt übernommen. Außerdem hatte Clemens August sich 300 Rt von ihm geliehen gehabt und besaß den von dem Erblasser bezahlten Wockingschen Mühlengarten im Wert von 135 Rt. Zu diesen bereits empfangenen Werten sollte er eine Obligation auf v. Westerholt sprechend über 300 Rt erhalten sowie die Halbscheid eines Kapitals, das aus

---

6 So unterschrieb er sein Testament, siehe unten Anm. 9.

7 FREISEN, Joseph: Die Matrikel der Universität Paderborn, Matricula Universitatis Theodorianae Padibornae 1614-1844, 2 Bde. Würzburg 1931/32, hier I, S. 84 Nr. 6039.

8 Zum Folgenden vgl. KETTELER, Georg: Die Catharinen-Bruderschaft an St. Lamberti in Münster von 1330. Geschichte, Statuten, Daten der Mitglieder seit 1500. Münster 1993, S. 64 Nr. 203.

9 LA NRW, Abt. Westfalen, Stift St. Ludgeri (Münster) – Akten, Nr. 75.

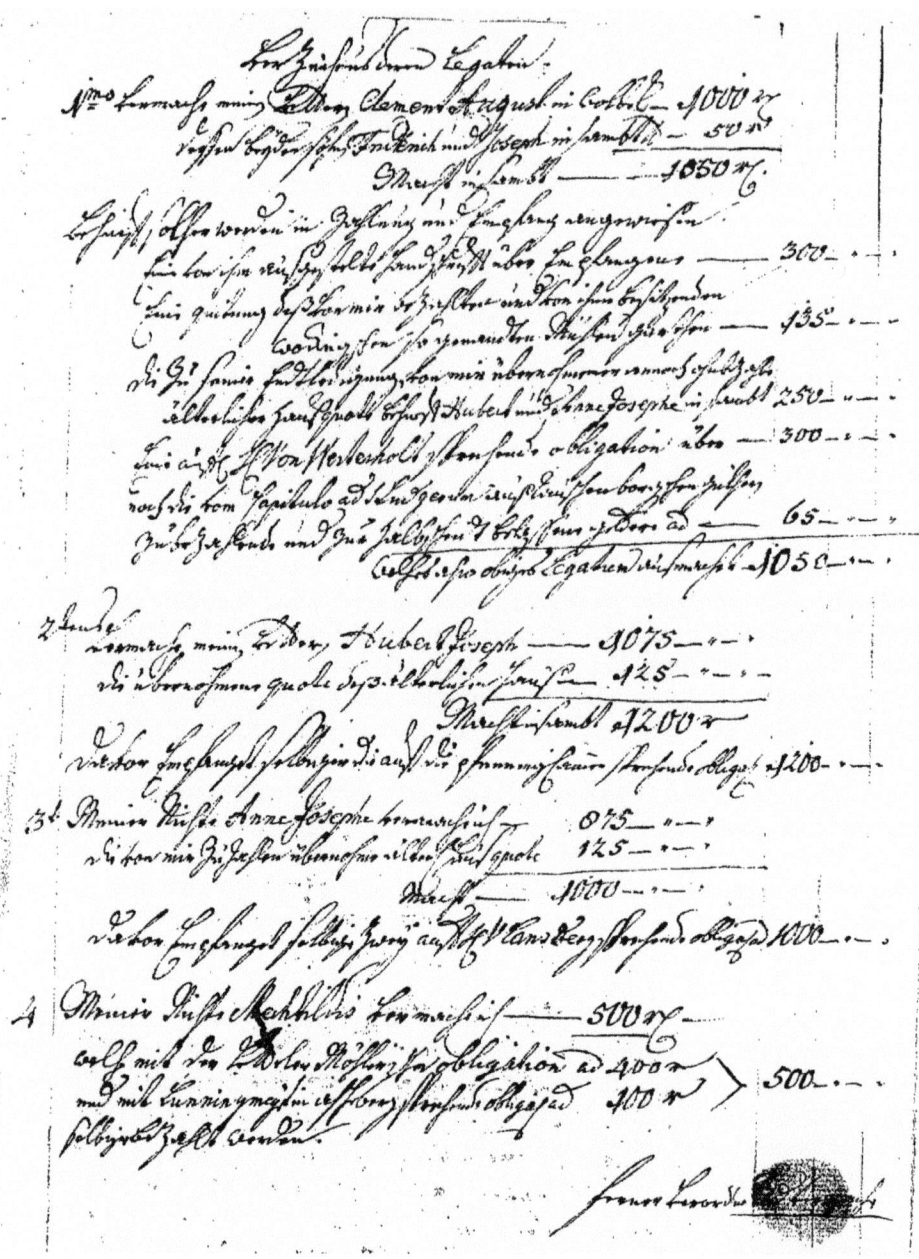

LA NRW, Abt. Westfalen, Stift St. Ludgeri (Münster) – Akten, Nr. 75: Testament des Kanonikers Joseph Ferdinand Elberfeldt, fol. 86v: *Verzeichnus deren Legaten*

dem Rauschenborgschen Garten zu zahlen, war über 65 Rt, insgesamt also 1050 Rt, wovon 50 Rt die beiden Söhne des Clemens August erhalten sollten.

Dem „Vetter" Hubert Joseph vermachte er neben der elterlichen Hausquote von 125 Rt, die er ihm noch zu zahlen hatte, weiter 1075 Rt, die alle zusammen durch eine Obligation der Pfennigkammer über 1200 Rt abgegolten werden sollten.

Seiner „Nichte" Anna Josepha vermachte er ebenfalls die elterliche Hausquote sowie weitere 875 Rt, die zusammen durch zwei Obligation des Herrn v. Landsberg über 1000 Rt abgegolten wurden.

Schließlich vermachte er seiner „Nichte" Mechthild 500 Rt, wofür auch sie zwei Obligationen erhalten sollte.

Alle hier genannte „Vettern" und „Nichten" lassen sich als Kinder des Wolbecker Oberjägermeisters Ferdinand Joseph Elverfeld und dessen Frau Anna Catharina Kratz identifizieren. Clemens August war der älteste, 1747 in Wolbeck geborene Sohn dieses Ehepaars. Er hatte 1771 die aus Wolbeck stammende Anna Christina Margareta Uphues geheiratet und mit ihr mindestens[10] die zwei im Testament genannten Söhne Friedrich und Joseph gezeugt. Die zuletzt genannt „Nichte" Mechthild (* 1749) hatte 1773 in Münster den Wundarzt Friedrich Jersch geheiratet. Die letzten beiden Erben, Anna Josepha (* 1757) und Hubert Joseph (* 1763), waren gleichzeitig auch Patenkinder des Erblassers. Anna Josepha heiratete 1789 den Artelleristen Karl Anton Plogmacher, und Hubert Joseph heiratete 1787 Eleonora Flören, mit der er nach Rheine zog, wo er als öffentlicher Notar arbeitete.

Zwei weitere, in Wolbeck getaufte Töchter des Oberjägermeisters werden im Testament des Kanonikers nicht bedacht und sind vor 1779 bereits verstorben. Da der jüngste Sohn, Hubert Joseph, als Waise bezeichnet wird, müssen auch dessen Eltern vor 1779 gestorben sein. Leider scheint der Vater Ferdinand Joseph Elverfeld vor 1768, dem Beginn der Begräbniseintragungen im Kirchenbuch, verstorben zu sein, so dass sein Alter nur aufgrund der Heirat geschätzt werden kann. Doch wo und wann hatte er geheiratet?

Bevor wir uns dieser Frage widmen, schnell noch ein Blick auf die beiden Schwestern des Kanonikers Joseph Ferdinand Elberfeld. Er bezeichnet sie als Nonnen zu Wiedenbrück, damit müssten sie im dortigen Annunziaten-Kloster gelebt haben. Tatsächlich finden sich im dortigen Professbuch Maria Josepha Elberfelt, die 1744 im 27. Jahr ihres Alters eingekleidet wurde und am 31. August 1782 verstarb,[11] sowie Maria Clementina Elberfelt, die 1752 im 17. Jahr ihres Alters eingekleidet wird und als ehemalige Mutter Oberin am 16. September 1826 verstarb.[12]

Zu diesen beiden findet sich eine weitere Nonne mit dem Familiennamen Elberfeldt, die 1766 im 20. Jahr ihres Alters eingekleidete und bereits am 23. September 1770 verstorbene Maria Francisca Elberfeldt.[13]

---

10 Die Kinder dieses Paares habe ich bisher noch nicht aus den Kirchenbüchern herausgezogen.
11 Flaskamp, Franz (Hg.): Investitur- und Profeßbuch des Annuntiatenklosters zu Wiedenbrück. Münster 1948 (Quellen und Forschungen zur Natur und Geschichte des Kreises Wiedenbrück, 74), S. 30.
12 Ebd., S. 32f.
13 Ebd., S. 34.

Soweit die Fakten, die sich aus der Patenschaft und dem Testament des Kanonikers Joseph Ferdinand Elberfeld ergaben. Der wesentliche Dreh- und Angelpunkt ist aber die andere Patin aus der Familie Elverfeld.

2. Maria Catharina Bodifee condicta Elberfeld

Die andere Person unter den Paten der Kinder des Ehepaars Elverfeld / Kratz, die möglicherweise weiteren Aufschluss über die Familie geben konnte, war Maria Catharina Bodifee gen. Elverfeld. Über den Internationalen Genealogischen Index (IGI) der Mormonen findet man sehr schnell eine Catharina Bodifee, die 1735 in Brühl einen Franciscus Erberfelt heiratet. Nimmt man nun die Batch-Nummer der Brühler Heiraten (M989351) und sucht nach Elberfeld, stößt man auf den Eintrag der Heirat des Ferdinand Elberfeldt mit Catharina Kratz 1744 in Brühl. Offensichtlich schienen die genealogischen Verbindungen doch anders zu sein, als Clemens Steinbicker dies vermutet hatte. Leider ist das IGI sehr sparsam mit weiteren Informationen, da war es ein glücklicher Zufall, dass zu dieser Zeit die Brühler Kirchenbücher für die „Edition Brühl" abgeschrieben wurden und der Abschreiber Karl Wüllenweber seine Ausarbeitungen ins Netz gestellt hatte, um so eventuelle Lesehilfe und/ oder Verbesserungsvorschläge zu bekommen. Mit dem so zur Verfügung stehenden vollständingen Wortlaut beider Heiratseinträge war nun klar, dass der Wolbecker Oberjägermeister Ferdinand Elverfeld ein Sohn des Brühler Leutnants der Parforcejagd Franziskus Elverfeld war. Letzterer hatte 1735 als Witwer Catharina Bodifee geheiratet und mit ihr noch acht Töchter gezeugt. Catharina Bodifee war somit als Stiefgroßmutter Patin in Wolbeck.

Leider findet sich kein Eintrag über den Tod der ersten Frau des Franziskus Elverfeld in Brühl, wie überhaupt vor 1735 keine weiteren Elverfelds (in jedweder Schreibweise) dort vorkommen. Immerhin ließ sich eine weiter Tochter des Ehepaars Elverfeld / Kratz feststellen, die Ende 1745 noch dort geboren wurde, aber wohl vor 1779 gestorben war, da sie nicht im Testament des Kanonikers aufgeführt wurde.

Eine weitere überraschende, wenn auch zurzeit noch spekulative Feststellung betrifft die Wiedenbrücker Nonne Maria Clementina Elberfelt, Schwester des Münsteraner Kanonikers Joseph Ferdinand Elberfeld. Laut Sterbeeintrag im Kirchenbuch Wiedenbrück soll sie am 19. April 1736 geboren worden sein. Die erste Tochter aus der Ehe Elverfeld / Bodifee, Maria Elisabeth Erberfelts, wurde am 20. April 1736 in Brühl getauft! Leider geht aus dem Investiturbuch der Wiedenbrücker Annunziaten nicht der Taufname der neu aufgenommenen Schwester hervor, lediglich ihr Ordensname ist verzeichnet. „Clementina" kommt aber als Vornamen bei der 1739 in Brühl geborenen Tochter des Franziskus Elverfeld vor.

Allerdings soll der Kanoniker ja aus Neuhaus stammen, und in Paderborn findet sich 1729 dann auch die Taufe einer Clementina Elberfeld. Wie diese Familie in das Gesamtgefüge der Familie Elverfeld passt, ist noch nicht klar. Ein eindeutiger Hinweis auf das Münsterland ist aber durch den Namen der Ehefrau, Maria Gertrud Effting (Effring?), sowie durch den Paten Bartholomäus Antonius Daltrop[14] gegeben.

Wie schon oben angesprochen, muss das Geburtsjahr des Wolbecker Jägermeisters Ferdinand Joseph Elverfeld über das Heiratsdatum erschlossen werde. Da er 1744 als Sohn des noch lebenden Franz Elverfeld heiratet, er also zu diesem Zeitpunkt kein Witwer war, kann ein Heiratsalter von etwa 25-30 Jahren angenommen werden. Er wäre also ungefähr zwischen 1715 und 1720 geboren. Ähnliches gilt für den Kanoniker Joseph Ferdinand Elberfeld, der bei seiner Immatrikulation 1728 etwa 18 Jahre alt gewesen sein wird, also um 1710 geboren wurde.

Einer dieser beiden dürfte jener Täufling sein, der von seinen Eltern Franziskus Elverfeld und Juliane Fogel am 9. November 1712 in Longwy, Dep. Meurthe-et-Moselle, Frankreich, bei der Taufe den Namen Joseph Ferdinand Elverfeld erhielt.

Franziskus Elverfeld
∞ Juliane Fogel
|
Joseph Ferdinand Elverfeld (* 1712)

NN Elberfeld

Joseph Ferdinand (* um 1710) Kanoniker	Sr. Maria Josepha (* um 1717) Annunziatin	Sr. Maria Clementina (* 19.04.1736) Annunziatin

Franziskus Elverfeld, Leutnant der Parforcejagd in Brühl
∞ I. NN, ∞ II. Catharina Bodifee

Ferdinand Joseph (1715/20) Oberjägermeister in Wolbeck ∞ Brühl 1744 Anna Catharina Kratz	u.a. Maria Elisabeth (~ 20.04.1736)

---

14 DALTROP, Hermann / STEINBICKER, Clemens: Die Familie Daltrop im Paderborner Land, in: Beiträge zur westfälischen Familienforschung 40 (1982), S. 109-176, hier S. 112f. – Sein Pate Bartholomäus Krass war der Sohn des aus Wiedenbrück stammenden Johann Craß.

Ahnenliste für Emma Isenburg

Auszug aus der AL Balzer

von Hans Dieter Balzer

Erste Generation[1]

31. Emma ISENBURG, * Kierspe 27.11., ~ ebd. 5.12.1838, † Milspe 6.2.1882;
     ∞ Rüggeberg 4.5.1862
     August HESTERBERG, * Rüggeberg 5.11.1835, † Gevelsberg 8.11.1911,
     S.d. Heinrich Hesterberg u.d. Catharina Elisabeth Guthard.
     7 Kinder Hesterberg

Zweite Generation

62. <u>Johann</u> Hermann ISENBURG, * Höhlen (Ksp. Kierspe) 6.7.1800, † Kierspe
     18.12., ☐ ebd. 21.12.1858;
     ∞ Kierspe 2.12.1828
63. Catharina Sophie KÖHLER, * Romberg / Kierspe um 1805, † Kierspe
     11.11.1854.
     2 Kinder: Julia (* 1837), Emma (* 27.11.1838).

Dritte Generation

124. Johannes ISENBURG, * Höhlen 3.3., ~ Kierspe 6.3.1765, † ebd. 8.2.1840,
      hinterlässt Frau, 1 Sohn, 3 Töchter;
      ∞ Höferhofe (Ksp. Kierspe) 24.2.1792
125. <u>Anna</u> Gertruth CRAMER, * Höhlen, ~ Kierspe 15.9.1771 (Tp: *Aa. Gertruth
      Dörschele, Maria Gertruth Rövenstrunk, Ehefrau d. Joh. Herm. Isenburg
      Maria Gert. Schriver, Johan Georg Krone, Joh. Fried. Hageböker*),
      † Kierspe 11.11.1854

---

1 Die Nummerierung folgt der AL Balzer und nicht der aktuellen Generationszählung – also nicht
   1. Generation = Proband = Nr. 1, Eltern: Nr. 2 und Nr. 3.

126. Ludwig KÖHLER,[2] * Ahelle / Brügge 12.12.1741 (Tp: *Anna Gertrud Ehefrau Speckenbach, Johann Engelbert Voss, Maria Gertrud Ehefrau Hackenberg, Johann Speckenbach, Johann Peter Vollmann*), † Kierspe 3.11., ◻ ebd. 5.11.1825, Jäger im Dienst des Landrats zu Altena, Heinrich Wilhelm von Holzbrinck, ∞ I. Ahelle 1795 in mit Anna Margaretha Hohage – davon 1 Tochter Maria Elisabeth (* 5.1.1796);
     ∞ II. Kierspe 20.5.1800
127. Anna Gertrudt VOLLMANN, * Romberg / Kierspe 23.11.1770, † Kierspe 19.8., ◻ ebd. 21.8.1811.
     2 Kinder: Catharina (* um 1805), Maria (* 1.7.1809)

Vierte Generation

248. Johann Hermann ISENBURG, * Höferhofe / Kierspe 13.12., ~ Kierspe 20.12.1734, † Höferhofe 12.2.1785, Kirchvorsteher;
     ∞ Kierspe 14.1.1762
249. Maria Gertrud RÖVENSTRUNCK, * Kierspe 2.5., ~ ebd. 5.5.1743, † Höferhofe 20.12.1826
     Kinder: Johan Peter Wilhelm (~ 16.3.1763), Johannes (~ 6.3.1765)

250. Johann Georg CRAMER, * Höhlen / Kierspe 5.3., ~ Kierspe 8.3.1734, † Höhlen 12.1.1776, ∞ I. 1.8.1760 Maria Gräfe, † 19.4.1764, T.d. Johann Wilhelm Gräfe aus Müllenbach;
     ∞ Höhlen / Kierspe 20.10.1768
251. Anna Maria CRONE, * Oberhohenholten, ~ Kierspe 25.3.1735, † vor 1776.
     Kinder: a) Anna Wilhelmine Catharine (~ 17.1.1770), b) Anna Gertrud (~ 15.9.1771), c) Maria Catharina (~ 10.4.1774)

254. Johann Matthias VOLLMANN, * zum Ohle / Kierspe 24.2.1737, † nach 1821;
     ∞ Romberg / Kierspe 18.10.1763
255. Anna Maria Catharina DAHLHAUS, * Bauerschaft auf dem Felde[3] / Kierspe 14.5., ~ Kierspe 16.5.1738, † Rinschenschmidthausen 8.3., ◻ Kierspe 10.3.1821.
     3 Kinder: Peter (* 3.8.1764), Johann Peter Adam (* 20.5.1766), Anna Gertrudt (* 23.11.1770)

---

2   Familie stammt evtl. aus Schalksmühle.
3   Heute Feld zwischen Halver und Kierspe.

Fünfte Generation

496. Johann Hermann ISENBURG, * Kierspe 5.11.1699, † ebd. 6.7.1736, er war ein gottesfürchtiger, stiller und beliebter Mann und Bürger, hinterließ 4 Söhne, 3 Töchter;
      ∞ Kierspe 1724

497. Anna Sybilla DUNKEL, * Kierspe (Dorf) 18.12.1699, † ebd. 28.6.1772, ∞ II. 5.4.1740 Johnn Hermann Köcke, † 27.6.1757 – zweite Ehe kinderlos.
      Kinder: a) Anna Sybilla (* 1724, ∞ I. 12.5.1753 Hermann Jacob Wülfrath, ~ 27.2.1723, † 15.5.1758, ∞ II. 16.11.1759 Johann Anton Vollmann, ~ 18.2.1734, † 18.2.1787, S.d. Johann Anton Vollmann zu Halzebach); b) Maria Margaretha (∞ I. 15.10.1748 Johann Herman Kroplenberg, S.d. Johannes Kroplenberg, ∞ II. 17.8.1759 Peter Jacob Plate, S.d. Johann Hermann Plate); c) Margaretha Catharina (∞ 15.8.1754 Johann Wilhelm Ackermann, S.d. Johann Wilhelm Ackermann u.d. Anna Bremike); d) Johann Hermann (* 1734, siehe AZ 248).

498. Jacob RÖVENSTRUNCK, * Höferhofe 3.5.1690, † Kierspe 14.4., ☐ ebd. 16.4.1752, langjähriger Provisor von St. Georgi und Kirchmeister zu Kierspe, ∞ I. Catharina Margaretha Plate, T.d. Peter Plate;
      ∞ Kierspe 26.3.1732

499. Anna Juliane Catharina BÖDDINGHAUS, * Kierspe 13.11.1709, † ebd. 8.8.1780.
      Kinder: Anna Magdalena (* 1733), Hermann (* 1735), Catharina Margarete (* 1737), Anna Gertrud (* 1740), Maria Gertrud (~ 5.5.1743), Maria Margarete Juliane (* 1745), Johann Caspar (* 1747)

500. Johann Wilhelm CRAMER, * Lingese 20.10., ~ ebd. 23.11.1707, † Höhlen 3.1.1776, im Sterbeeintrag wird er als Sohn des Johan Heinrich bezeichnet, Besitz in Lingese, Anteile in Höhlen und im Kiersper Hagen, Vorsteher des Kirchspiels und der Höhlener Bauerschaft, ∞ II. Holten 13.10.1751 Juliane Magdalene Mehler, T.d. † Heinrich Ohlermann Mehler aus Pedinghagen, Ksp Valbert;
      ∞ Kierspe um 1729

501. Anna Maria MÖLLENBACH, * Kiersper Hagen 10.2.1710, † Kierspe 24.10.1749.
      Kinder: Johan Georg (~ 8.3.1734), Johan Nicolaus (~ 24.10.1735), Johan Gerhardt (~ 7.4.1738), Anna Maria (~ 21.10.1740), Anna Elisabeth (~ 24.3.1743), Jacob Michael (~ 28.12.1745), Johan Jacob (~ 12.2.1748)

502. Johann Anton CRONE, * Röhlefeld / Denklingen 15.1.1696, † Kierspe 20.7.1755;
∞ Kierspe vor 1733

503. Maria ISENBURG, * Kierspe 1710, † ebd. nach 1755.
Kinder: Anna Maria (~ 25.3.1735), Catharina Gertruth (~ 25.3.1738)

508. Mathäus Georg VOLLMANN, * aufm Ohle, ~ Kierspe 20.11.1698, † ebd. 5.1.1763, wurde 64 Jahre 5 Wochen 9 Tage alt, buchführender Kirchmeister, kaufte 25.8.1721, 5.8.1724, 29.4.1725 die Erbteile seiner Geschwister auf;
∞ Kierspe vor 1733

509. Anna Sibilla SCHUMACHER, * Kierspe um 1700, † Ohle 2.5.1759.

510. Johann Henrich DAHLHAUS,[4] * Romberg-Felde / Kierspe 5.5.1706, † Kierspe 22.3., ❑ ebd. 25.3.1766, hatte 1 Sohn, 4 Töchter, wovon der Sohn und 3 Töchter vor dem Vater verstorben waren;
∞ Kierspe 8.8.1737

511. Anna Catharina BREMICKER, * Brüninghausen / Halver 6.1., ~ Halver 22.1.1713,[5] † Kierspe 10.2., ❑ ebd. 12.2.1771.

Sechste Generation

992. Johann Hermann ISENBURG, * Kierspe um 1672, † ebd. vor 1760, laut Hypothekenbuch Besitzer des Gutes Nr. 190 auf der Straßen in Kierspe (Dorf): seit 1538 Gut Isenburg, seit 1626 zum Herrenhof Rhade gehörig, 1658 neuer Besitzer auf Isenburg, der den Hofesnamen annimmt;
∞ Kierspe 1699

993. Catharina Sybilla VOLLMANN, * Kierspe um 1682, † ebd. 18.3.1760.
Kinder: Johann Hermann (* 1699); Margaretha Gertrud (* 1703, † 12.11.1761), ∞ 1733 Matthias Engelbert Wehner (* 1692, † 5.9.1770, S.d. Stephan Wehner)

994. Johann Conrad DUNKEL, * Lüdenscheid um 1660, ❑ Breckerfeld, ∞ II. Lüdenscheid um 1719 Catharina Bross;
∞ I. ...

---

4 Ein möglicher Bruder von ihm war: Eberhard Martin Dahlhaus, † 24.3.1768, ∞ Catharina Schlachtenradt.

5 Datum nicht ganz eindeutig, da nach KB Kierspe, S. 192 Nr. 4 am 6.1.1714 geboren; anderes Geburtsdatum: 22.1.1713.

995. Anna Catharina EILPE, * Lüdenscheid um 1662.

996. Mathaeus RÖVENSTRUNCK, * Kierspe 1658, † Höferhofe 1724, ab 1690 Rezeptor und Kirchmeister, Hofesschöffe am Gericht Rhade; ∞ Kierspe Januar 1688
997. Catharina Margarethe SCHELTE, * Kierspe um 1666, † nach 1725, wird 1725 als Witwe genannt.
6 Kinder: Magarethe Catharina (* 1688), Jacob (* 3.5.1690), Maria (* 1693), Helena Catharina (* 1696), Peter(?), Johann Caspar (* 1707)

998. Heinrich BÖDDINGHAUS, * Lennep 12.9.1679, † Kierspe 2.4., ☐ ebd. 5.4.1750; ∞ Kierspe 28.2.1709
999. Anna Maria Richmuth HEEDER, * Halver 26.12.1690, † Kierspe 3.3.1781.

1000. Johann Henrich CRAMER, * Lingese um 1670, † um 1731, 1705 „Brücher Schenke", besitzt 1717 Schmidts-Gut, Kappenradsgut zu Höhlen; ∞ Kierspe 1700
1001. Anna Elisabeth BECKERS, * um 1680, † Lingese nach 1739, gent. 25.2.1734 als Witwe, wird beim Sterbeeintrag ihres Sohnes Johann Wilhelm am 3.1.1778 gent.
Kinder: a) Elisabeth (∞ 1719 Melchior Dörselen), b) Johan Georg (* 1704, Chirurg, Schöffe, ∞ 1730 Anna Margargareta Vosswinkel); c) Johann Henrich (∞ 1724 Anna Margareta Kattwinckel); d) Johan Wilhelm (* 20.10.1707, ∞ Anna Maria Möllenbach); e) Johan Gerhard (∞ Margareta Bordinghaus).

1002. Peter MÖLLENBACH d.J., * Kierspe um 1671, † ebd. 16.7.1751 (80 Jahre 11 Wochen alt); ∞ II. 9.1.1741 Margareta Elisabeth Püttmann; ∞ I. Kierspe vor Mai 1720
1003. Anna Catharina MÜLLER, * Müllenbach(?) um 1669, † in der Drenke / Kierspe 6.1.1739.
Kinder: Anna Catharina (* 1703), Anna Maria (* 10.2.1710).

1004. Peter CRONE d.J., * Rölefeld / Denklingen 14.9.1654 (Tp: Peter Cron und Tönnes Crämer), † Nühlen / Kierspe zwischen 1717 und 1733, lebt 1717 in Nühlen; ∞ um 1680
1005. Maria NN, ...

Kinder: Johann Paul (* 1685, ∞ 1715 Anna Catharina Broß); Johann Anton (* 15.1.1696, ∞ Maria Isenburg); Johann Peter (* 1697, ∞ Anna Catharina Vollmann(?))

1016. Mathaeus VOLLMANN,[6] * Kierspe, † vor 1733, ∞ II. Anna Schramm; ∞ I. vor 1698
1017. NN LANGE, † Kierspe um 1712.
   Kinder: Matthäus Jürgen (* 1698), Christine, Johann Christian, Anna Maria – weitere Kinder(?): Johann Diedrich, Johann Wilhelm, Johann Henrich, Anna Margareta

1022. Johann Eifert (Eberhard) BREMICKER (auch Bredenbach genannt), * Ehringhausen / Halver 12.4., ~ Halver 15.4.1675, † Kierspe? vor 1747, genannt zu Collenberg, später zu Brüninghausen, beide Orte zu Halver gehörig;
   ∞ Halver 22.11.1701
1023. Anna Gerdraud PICKARDT, * Collenberg 6.6., ~ Halver 8.6.1677, † Kierspe 4.6.1747.
   Kinder u. a.: Anna Catharina; Johann Eberhard (* 1703, † 1766, ∞ 6.6.1734 Anna Gertraud Schmidt, * 1711, † 1775, T.d. Johann Peter Schmidt u.d. Anna Elisabeth Dahlhaus)

Siebte Generation

1992. Hermann RÖVENSTRUNCK d.J.,[7] * Kierspe-Strunck 9.9.1605, † Kierspe 3.1., ☐ ebd. 7.1.1676 in der Kirche, 1626-1630 Vikar, Studium in Marburg, 11.9.1644 Nachfolger seines Vaters als Pfarrer, wird in der Kirche beigesetzt, als ältester Pfarrer im Amt Altena;
   ∞ Kierspe 4.12.1631
1993. Margarete MEISTER, † Höferhofe 1687, war am 28.6.1664 Patin bei Peter Bross.
   Kinder: a) Christina (∞ Hermann Kaiser, Notar); b) Margareta (∞ Caspar Schönenberg, Pfarrer); c) Martha Gertrud (∞ Jacob zu Loewen, Pfarrer in Breckerfeld); d) Johannes (∞ Christina Hölterhoff); e) Peter (* Jan. 1637, † 1671, Pfarrer in Kierspe, ∞ Gertrud Witthenius, Halver); f) Theodor Hermann († 1696, Pfarrer in Kierspe, ∞ Margareta Catharina Blechen, Kierspe); g) Wilhelm Caspar († nach 1699); h) Matthäus (* 1658)

---

6   Auch genannt Bordinghausen und zum Ohle.
7   Zu ihm siehe auch: Altenaer Beiträge.

1994. Hans SCHELTE,[8] * Kierspe (Dorf) 1632, † ebd. 1682, Meistgeerbter, Nachsasse des Lehrers und Gerichtschreibers Johannes Vedanus (1624-1663), Vorsteher und Kirchmeister, Rezeptor, Kaufmann 1665-75, seit 1654 auch Spezereiwarenhändler und Wirt;
∞ Kierspe 1655

1995. Anna NN, † Kierspe nach 1682.
Kinder: a) Else (∞ 1681 Hermann Kaiser); b) Anna (∞ Johann Hermann Bredenbach); c) Catharina Margaretha (∞ Matthias Rövenstrunck); d) Anna Gertrud (∞ Hermann Rövenstrunck); e) Maria Christine (∞ Abel Isenburg); f) Margarethe Catharina (∞ Bernhard Hücking)

1996. Heinrich BOEDDINGHAUS, * Lennep 15.9.1643, † ebd. 7.5.1710, ist an der Lateinschule in Lennep tätig;
∞ Lennep 1669

1997. Anna HÖLTERHOFF, * Lennep 26.2.1642, † Kierspe 19.3., □ ebd. 23.3.1738.

1998. Johannes HEEDER, * aufem Heede 12.12, ~ Halver 16.12.1657, † Gut Blechen um 1721;
∞ Halver 13.11689

1999. Anna Richmuth VOSWINCKEL, * Voswinckel (Ksp. Halver) 19.4.1666, † Blechen 22.2., □ Halver 27.2.1736.
Kinder: Jacob Wilhelm (* 1689); Anna Richmuth (* 1690, † 1781); Anna Maria (* 1692); Margaretha Catharina (* 1694)

2000. Johannes CRAMER,[9] * Dörseln um 1636, † Lingese(?) um 1705;
∞ Müllenbach 26.8.1668

2001. Anna HOLTWIPPER, * Müllenbach um 1645.

2004. Peter DECKER (gen. Möllenbach) d.Ä., □ Kierspe um 1717, ist 1679/80 auf dem Gut Drenke im Kiersper Hagen ansässig;

---

8 Zu ihm siehe auch: Altenaer Beiträge.
9 Evtl. identisch mit Tigges Cramer in Lingese, dessen Ehefrau Margarethe (* um 1648) wurde katholisch □ 11.1.1733 (85 Jahre alt) ?

2008. Peter CRON d.Ä., * Rölefeld / Rheinland um 1625, ☐ Kierspe nach 1699, ∞ I. 1655 N Hohenholt, o-o 1663 Triene NN, Dienstmagd, ∞ II. 28.5.1670 Margareta Krogmann aus Meinerzhagen; o-o um 1653/54

2009. Demut CRÄMERS, Tönnes Crämers Schwester, * Vell / Rölefeld.
   Kinder: Antonius (Cron), * Feld 16.3.1664 (unehelich), † ebd. 1731, dazu Huldigungsliste Eckenhagen 1731

2032. Adam VOLLMANN, * Bordinghausen 1600, † Kierspe um 1652/56, erwähnt 1620, Hofeseid Rhade, 1633, 1649 Vorsteher der Bauerschaft Hohenholten, Meistgeerbter;
   ∞ ...

2033. Margarete NN, ☐ Kierspe nach 1656, wird 1656 als Witwe genannt, urkl.1626-1650, 1658/61 durch Kriegsfolgen verarmt.
   Kinder: a) Mathaeus (∞ NN Lange); b) Jacob (∞ Catharina Windfuhr), c) Johann (gnt. 1673 zu Bordinghausen); d) Hans (gnt. 1694 in Höhlen)

2034. Jürgen LANGE, * zum Felde / Kierspe um 1650, † Kierspe nach 1717, mit seiner Frau kauft er am 18.7.1688 Gut Altenhaus zu Felde vom Freiherrn von Heyden, wird als Provisor zu St. Georgi 1692-1704 gnt., besitzt 1689 Gut Ufer zum Felde, wird 1717 noch als Inhaber gnt.;
   ∞ ...

2035. Maria NN, † Kierspe.

2044. Adam BREDENBACH,[10] * Ehringhausen / Halver um 1638, † Halver 25.1., ☐ ebd. 27.1.1688;
   ∞ Halver 14.11.1663

2045. Enneken BRÜNINGHAUSEN, * Brüninghausen / Halver um 1640, † Halver 25.7., ☐ ebd. 27.7.1717, ∞ II. 7.11.1690 Adolph von der Münten, Ksp. Wipperfürth.
   Kinder: a) Johannes (* 1664, ∞ 1710 Trina Sibylla, Efferts zu Dahlhausens Tochter); b) Johan Henrich (* 1669, ∞ 1705 Anna Catharina, Tevesen Dahlhausens Tochter); c) Mathäus (Teves) (~ 1672, † 28.1.1688); d) Johann Eberhard (* 1675); e) Johann Hermann (* 1683, ∞ 1710 Anna Margareta vom Cleve); f) Anna Catharina (∞ 1703 Johann Hermann, Teves Dahlhausens Sohn); g) Johann Wilhelm (* 1688)

2046. Caspar PICCARDS, * Halver um 1628, † Collenberg / Halver 11.1., ☐ Halver 13.1.1720, 92 Jahre alt;

---

10 Aus Bredenbach wird Bremicker.

∞ ...

2047. Kunigunda COLLENBERG, * Collenberg / Halver vor 1646, † ebd. 10.3.,
☐ Halver 12.3.1689.
Kinder: a) Diedrich Eberhard (~ 17.12.1662), b) Anna Catharina (~ 6.12.1665),
c) Elisabeth (~ 13.12.1671), d) Cühne (* Sept. 1674), e) Anna Gertrud (~ 8.6.1677),
f) Anna Maria (~ 22.9.1680)

Achte Generation

3984. Hermann RÖVENSTRUNCK d.Ä., * Kierspe (Dorf) um 1560, † ebd.
11.9.1644, ab 1587 gnt. auf dem Gut Strunck im Dorf, ist 1583 als
Vikar der Nachfolger des Pfarrers Hermann Klocke, Begründer der
Pastorenfamilie auf dem Höferhofe, als Pfarrer ordiniert 1586, war 58
Jahre als Seelsorger im Amt, 1619 zum Pfarrer bestellt, macht mit seiner
Gemeinde von 1637–1640 eine schwere Zeit mit, Gottesdienste wurden in
Wäldern und Höhlen gehalten, das Elend war unbeschreibbar, vom 2.-3.
Okt.1612 ist er mit Pfr. Chr. Göbel in Unna auf der 1. allgem. Evgl.-Luth.
Predigerversammlung der Grafschaft Mark;
∞ Kierspe vor 1605
3985. Margarete VOM HÖFERHOFE, * Kierspe um 1580, brachte das Gut
Peters zum Hove mit in die Ehe.
Kinder: a) Hermann d.J.; b) Margareta (∞ Caspar Pollmann, Müllenbach)

3986. Martin MEISTER, * Vorth, † Kierspe vor 1625.

3988. Johannes SCHELTE, * Kierspe.

3992. Abraham BOEDDINGHAUS, * Lennep 1610, † ebd. 22.11.1671;
∞ ...
3993. Maria NN, ☐ Lennep 23.11.1684.

3994. Franz HÖLTERHOFF, * Lennep 1603, † ebd. März 1684
∞ ...
3995. Anna Maria NN, ...

3996. Lothar (Luther) HEEDER, * aufem Heede / Halver 1625;

∞ Halver(?) 1649
3997. Magaretha NN, ...
4 Kinder Heeder bekannt

3998. Nicolaus VOSWINCKEL, * Voswinckel / Halver 3.2., ~ Halver 4.2.1618,
† Voswinckel 24.2.1694, Reidemeister, gibt 1652/53 in Halver 2 Rt Spende
für eine Orgel, ist zeitweilig als Vertretung für seinen Schwiegervater tätig
(Richteramt);
∞ Halver 4.10.1653
3999. Anna Catharina VON DEN BERKEN, * Rönsahl 4.10.1635, † Voswinckel
17.9.1678.
11 Kinder, davon 3 früh verstorben: a) Catharina Elisabeth (~ 15.8.1655, ∞ Johann
Rötzel); b) Johann Georg (~ 24.1.1657); c) Margarete (~ 3.6.1659, ∞ 17.6.1687
Heinrich Schmidt); d) Johann Wilhelm (* 1.5.1661); e) Anna Richmuth (* 19.4.1666);
f) Anna Maria (* 18.2.1668); g) Johann Paul (* 22.3.1672); h) Wilhelm Christian
(* 31.3.1674); i) Gerhard Wilhelm (* 1677)

4000. Johannes CRAMER,[11] * Dörseln, ~ Rönsahl um 1600, † Dörseln 17.6.,
☐ Rönsahl 20.6.1675, kauft das Kirchengut in Lingese, war der erste
in der Familie, der sich mit Schießpulver beschäftigte, Steuerlast 1666
18 Rt, ∞ II. 1670 Greta N.N., Witwe des Wilhelm von der Bommert;
∞ Rönsahl um 1627
4001. Gertrud DÖRSELN, * um 1609, † Dörseln 21.4., ☐ Rönsahl 22.4.1668.
Kinder: a) Sybilla (* 1628, † 27.9.1689, ∞ Jan Wolters); b) Reinhard (* um
1630, geht nach Breckerfeld, Ortsteil Pulvermühle, hier sowie im Tal der sauren
Epscheid Pulverherstellung mit der Familie Goebel. In den Stadtrechnungen der
Stadt Siegen bis 1676 wird Reinhard Cramer genannt, er lieferte der Stadt für
20 Gulden 15 Albi 71 ½ Pfund Pulver); c) Trina (* 1634, ∞ 31.7.1669 Peter zum
Dörnen); d) Johannes (* um 1636, † um 1705, siehe oben AZ 2000); e) Johann
(* 1639, † 16.2.1706, ∞ 1660 Angelika Wolters, T.d. Jörgen Wolters); f) Nicolaus
(* 1639, † 12.2.1697, ∞ 1676 Agnes [Neiße] zu Boeswipper, T.d. Johann Boeswipper); g) Anton (* 1645, † 18.5.1716, ∞ I. 1673 Anna Raffloe, ∞ II. 1687 Catharina
Gertrud Schrage, ∞ III. 1705 Anna Christina Kruse)

4002. Peter HOLTWIPPER, * Müllenbach, † ebd. vor 1668.

4016. Anton CRON d.Ä., * Meinerzhagen 1600, † Rölefeld 11.4.1649.
Kinder: a) Peter d.Ä. (* um 1625); b) Tochter(?) (∞ 1652 Rörich von dem

---

11 Auch Johann zur Ballenbrugge genannt.

Sengelbach); c) Adolf (* 1635, begründet die Linie zum Grünenbach in Waldbröl); d) Anton (* um 1647, ∞ Meinerzhagen 30.9.1677 Anna Dorothea Krugmann).

4064. Christian VOLLMANN, * Bordinghausen 1570, ☐ Kierspe nach 1620, gnt. 1588 in Bordinghausen, unterliegt der Steuerklasse 3.
Kinder: Adam, Hans

4068. Peter LANGE, † Kierspe um 1678/1682, 1645 Besitzer des Rhader Hofesgutes, Hofesfrone, Korporal der Kirchspielmiliz, sein Vorgänger war 1616 Thomas auf dem Felde.
Kinder: a) Johann Lange gnt. Keyser († Lüdenscheid 1688, davon 2 Kinder: Dietrich, ∞ Catharina Mesenholt; Christine, ∞ Wilhelm Möller); b) Jürgen (* um 1650); c) Tochter (∞ Christoph Wortmann gnt. Giese); d) Tochter (∞ Adolf Keune)

4088. Johann BREDENBACH d.J., * Ehringhausen / Halver um 1600, † Halver 27.1.1675, genannt 9.2.1645 als Kirchmeister zu Halver, Obligationen vom 11.11.1631 und 16.4.1632 im Ein- und Ausgabenbuch Haus Neuenhof, ∞ II. nach 1648 Gertrud NN, ☐ Halver 18.11.1670;
∞ I. ...
4089. NN, † 11.3.1648 (im Kindbett).
Kinder (aus beiden Ehen): Adam (* 1638); Mathias (* 1642); Johannes (* 1645); Elisabeth (~ 18.2.1646); Anna (~ 12.3.1648); Georg (~ 4.9.1650)

4090. Hans BRÜNINGHAUSEN,[12] * Halver, † ebd. nach 1663.
Kinder: Enneken (* um 1640); Richmuth (~ 11.4.1655); Gertrud(?) (~ 5.3.1656); Matthäus (~ 14.1.1657); Nicolaus (~ 9.11.1659); Elisabeth (~ 1.4.1663); Anna Sibylla (~ 22.5.1665)

4092. Friedrich PICCARDS, gnt. bei Orgelspende 1652 in Halver.

4094. Friedrich COLLENBERG,[13] * Halver um 1620, gab 1652 in Halver eine Spende von 2 Rt für die Orgel.

---

12 Sein Bruder(?): Peter Brüninghausen.
13 Brüder(?): Johann und Christian.

Neunte Generation

7968. Johann RÖVENSTRUNCK d.Ä., * Kierspe 1531, † ebd. um 1580, Kleve-
Märkischer Richter 1558, 1570-1579 Rhader Hofrichter, Hofesmann;
∞ ...

7969. NN VON HATZFELD-ÖDENTHAL, * Ödenthal(?) bei Lüdenscheid.
Kinder: a) Margareta, ∞ 1574 Johann Blechen; b) Hermann (* um 1560); c) Johann
d.J., Linie zum Strunck in Kierspe (Dorf); d) Sohn, dessen Sohn: Johann, Richter
und Rentmeister zu Iserlohn

7992. Friedrich AUF DEM HEEDE, * aufem Heede 1590, ☐ Halver, genannt
im Gerichtprotokollbuch 11.1.1626 und 20.3.1630, als Ackermann im
bergischen Heberegister (III / 7 Bl. 116/19) vom 24.6.1636 erwähnt.

7996. Johann VOSWINCKEL, * Voswinckel um 1570, † ebd. um 1636;
∞ ...

7997. Angela (Egen) ENGSTFELD, * Engstfeld, Ksp. Halver, um 1578,
† Voswinckel 30.3.1663.
Kinder: a) Johann Georg (* 1610, † Kierspe 13.1.1683); b) Nicolaus (* 3.2.1618)

Johann Wilhelm von den Bercken d.J.
Richter in Rönsahl

Abb. 1: Johann Wilhelm von den Bercken
(1589-1654) – AZ 7998

Johann Heinrich von den Bercken
Richter in Rönsahl

Abb. 2: Johann Henrich von den Bercken
(1637-1699)

7998. Johann Wilhelm VON DEN BERCKEN, * Rönsahl 1589, † ebd. 29.6.1654, 1611 Student in Herborn, seit 1635 kurfürstlich-brandenburgischer Richter in Rönsahl (Abb. 1), 1648 verlangt der Große Kurfürst Zeichnung einer Anleihe von 200 Rt, 1652 Spende für Orgel von 4 Rt;
∞ um 1627

7999. Margarete BEYINGHAUS, * Rönsahl(?) 1605, † Rönsahl 26.10.1670.
5 Kinder: a) Ernst (* 1628, † 1647); b) Anna Catharina (* 4.10.1635); c) Johann Henrich (* 1637, † Rönsahl 1699; Abb. 2); d) Catharina Elisabeth (* 1641, † Rönsahl 10.3.1718); e) Wilhelm (* 1642, † 1693)

8000. Thomas CRAMER (gen. Dörseln), * Dörseln um 1560, † ebd. um 1622, 1614 und (1615 „hier uf Himmelfahrt mit Rhatsleuten gerechnet") 1622 bis 1633 wird seine Hausfrau erwähnt, „auff 1622 hat sie mit den Rathsleuten abgerechnet";
∞ Dörseln um 1595

8001. Catharina NN, † nach 1633, 1624 als Witwe bezeichnet.

8002. Georg WOLTER, * um 1589, † Ballenbrügge / Lingese 26.5.1683 (94 Jahre alt), ist wohl um 1614 von Mülheim/Rhein über Wipperfürth zugewandert, wie viele evgl. Familien mit ihm; anno 1620 Dienstag nach Pfingsten hat Geörgen zu Harhausen für 6 Thr. Pulver geliefert, genannt als Meister Jörgen Wolters zu Harhausen der Pulvermacher, gen. im Lingesetal zur Ballenbrügge mit einer Pulvermühle;
∞ ...

8003. Enneken NN, † Rönsahl Januar 1659.

8128. Matties VOLLMANN, ~ Kierspe.

8176. Johann BREDENBACH, * Halver, genannt zu Ehringhausen, am 22.10.1555(?) mit dem limburgischen Lehngut Antlenberg belehnt, seither als Bremeckers Gut bezeichnet (Limburg Styrum II 4 Nr. 70), 1634 Steuer-Kl. II, 1655 Steuer-Kl. III.
Kinder u.a.: Johann und Tevesen

Zehnte Generation

15936. Mathias RÖVENSTRUNCK, * Kierspe, † ebd. 1558, als klevisch-märkischer, später kurf.-brandenburgischer Richter 1543 genannt, 1470

42

erste Erwähnung der Rövenstrunck im Dorf als Bewohner des Strunck, ∞ II. Kierspe 1532 Cecilie (Cilia, Cilgen) Egenscheid, * Eggenscheid / Lüdenscheid, † Kierspe 1554, (sie: ∞ I. Johann Sträter, Richter zu Kierspe, zuletzt gnt. 24.2.1531, 1532†).
Kinder: Johann (* 1531), Rudolf (* 1533)

15984. Heinrich HEDDER, * Halver 1565, ☐ ebd. 1626(?), gnt. 1594 und 1606; ∞ Halver 10.8.1594
15985. Anna NN.

15994. Hilliger EGEN VOM ENGSTFELD, * Engstfeld, Ksp. Halver. – Engstfeld 1435 als Rittersitz mit Burganlage genannt (Rich. Gräwe), die Familie stammt vermutlich vom Gut Egen in der Bauerschaft Breckerfeld, hier genannt 1449.

15996. Johann Wilhelm VON DEN BERKEN,[14] * Rönsahl um 1551, † Glörfeld um 1635, Richtersitz in Rönsahl: Haus an der Mosel, Lehrer und Gerichtsschreiber, 1595 als Nachfolger seines Vaters, auch ab dem 4.3.1611 Richter zu Rönsahl (Abb. 3), wohnt ab 1619 in Glörfeld; ∞ Rönsahl 1585

15997. Catharina STRASSER (Abb. 4), * Altena? um 1563, † Rönsahl 1606.

Kinder: a) Johann Wilhelm (* 1589); b) Sybilla (* 1593, ∞ I. Johann Beyinghaus, ∞ II. Anton Habbel, Richter zu Herscheid); c) Anna († 13.12.1652, ∞ Berhard Blechen, † 23.6.1659); d) Gertrud (* 1596, † 3.10.1677, ∞ I. Johann Mehler, Richter zu Valbert, ∞ II. Heinrich Wever, Richter ebd.).

Wappen von den Bercken

15998. Johann BEYINGHAUS, ...
∞ ...

15999. Sybilla VON DEN BERCKEN, * 1593, ∞ II. Anton Habbel, Richter zu Herscheid.

---

14 Gemälde von 3 Generationen in Altena!

Johann Wilhelm von den Bercken
Richter in Rönsahl

Catharina Strasser

Abb. 3: Johann Wilhelm von den Bercken
(1551-1635) – AZ 15996

Abb. 4: Catharina Strasser
(1563-1606) – AZ 15997

Elfte Generation

31874. Nicolaus EGGENSCHEID, * Eggenscheid / Lüdenscheid, gen. 1500 als Besitzer des Gutes Eggenscheid, dessen Namen er wohl bei seiner Heirat annahm (!?), erste Erwähnung Eggenscheids: 1393/95 Engelbert von Eggenscheid, 1500 abgabefreier Adelssitz;
∞ Eggenscheid 1500
31875. NN BAYCKEN, * Lüdenscheid.
Kinder: Cecilie, Margarethe, Angela

31958. Thomas HEDDER, * Halver 1540, gnt. 1564.

31992. Friedrich VON PLETTENBERG,[15] * Engstfeld 1520, † Glörfeld nach Juli 1596, 1565 vom Altenaer Drost Caspar Lappe zum bergisch-märkischen Richter ernannt, Wohnort ist Gut Berken, am 2.7.1592 erneute Bestätigung als Richter für Rönsahl und Halver, unterzeichnet 1581 als „Friedrich

---

15 Auch Friedrich vom Engstfeld oder Friedrich von den Ber(c)ken genannt.

von Plettenberg, zu Birken, Richter", am 30.9.1587 wird er vom Makel der unehelichen Geburt durch Herzog Wilhelm von Kleve befreit (Märk. Registerbuch XIV, fol. 243), seine adelige Abstammung erklärt wohl die Tatsache, dass er 1585 von Winold von Plettenberg, dem Propst des Klosters Scheda, mit der Priorei / Gut Berhove des Klosters Bentrup / Neuenrade, belehnt wurde, ∞ II. 1694 Gertrud NN;

∞ um 1548

31993. Elisabeth BERGFELD, * Altena um 1528, † Halver vor 1596.

31994. Johann STRASSER d.Ä., * Altena um 1533, † Rönsahl Mai 1593, urkundlich erwähnt 1564 Rönsahl, erwirbt 1582 ebd. das Lehngut zum Keller, belehnt 5.2.1583.

31998. Johann Wilhelm VON DEN BERCKEN = AZ 15996.
31999. Catharina STRASSER = AZ 15997.

Zwölfte Generation

63750. Johannes BAYCKEN, Erwerb des Gutes 1456 durch Verpfändung Gerhards von der Marck an seinen Kammerknecht Johann Baycken und durch herzogliche Bestätigung, erblich, ledig und frei zu Eigentum, gnt.1485, 1489 Eggenscheid;

∞ ...

63751. Catharina NN.

63936. Diedrich HEDDER, * Halver um 1510.

Zufallsfund im luth. KB Aplerbeck

mitgeteilt von Christian Loefke

[S. 9 – 1795] den 19ten Maij [gestorben], den 22ten Maij [begraben]; Herr Maximilian **de Monchanin**, Verwalter des hochadlichen Hauses Rodenberg in Aplerbeck, hinterläßt collat. Erben Madame Borsdorf und Bruder; [gestorben an] Schwachheit; [alt] 84 Jahr.

Rahlenbeck

Malörchen im Haus von Grüter zu Altendorf,
der Aufschwung der Textilherstellung in Hagen und der Lumpenkrieg
zwischen den Vorsterschen Papiermühlen in Eilpe und Delstern

von Erich Kuß

Adam von Grüter und Maria Krane heirateten am 8. Juli 1586. Er kam vom Haus Werdringen *(siehe Anhang 1, Nr. 2.5)*, sie, „welche Klosterjungfer zu St. Catharinen in Dortmund gewesen und davon 1584 den 28ten März von Seiner Päbstlichen Heiligkeit dispensiret worden ist, als Erbinne des Rittersitzes Altendorf und dazu gehörende Güter geheyratet hat, wie solches die auf dem Hause Altendorf befindliche Ehepakte vom 8ten Juli 1586 und das unter dem 6ten Febr. 1588 gerichtlich ausgefertigte Document, daß die gedachte Maria Krane ihren Ehemann Adam Grüter den adelichen Rittersitz Altendorf und andere ihrer Güter geschenket habe ausweisen"[1].

Die Ehe blieb kinderlos; Adam von Grüter heiratete in zweiter Ehe Margarete von Hövel zu Sölde[2]. Ihr Enkel Heinrich Adam heiratete Anna Eva von Mengede a.d.H. Steinhaus. Deren Sohn Johann Friedrich Adam von Grüter, „Cornet im Cürassierregiment Kronprinz" (Kürassier-Regiment 2), erbte 1710 von Johann Friedrich von Hauß zu Wandhoven, der als sein Vetter bezeichnet wurde,[3] das verschuldete Haus Wandhofen, das er bald darauf seinem Bruder Jobst Adam vermachte *(siehe Anhang 1, Nr. 4.2, 5.8 und 5.5)*. Von ihm sind Akten einer „Appellationsklage" (Berufung) erhalten.[4] Darin heißt es:

„Schwerte, 5. Marty 1731
Im Nahmen der allerheyligsten Dreyfaltigkeit kund und zu wissen sey hiermit, daß auf beschehenes Verlangen seines hochwohlgeborenen Herrn Johann Friedrich Freiherr von Grüter, Erbherr zu Wandthoven und Grimberg ich zuent-

---

1 Wever 1808.
2 Nach Honselmann 1969, S. 395: „zu Dudenroth (Kspl. Opherdicke)".
3 Haus Wandhofen im Reichshof Westhofen, Kirchspiel Schwerte (Nieland 1953, S. 228f.). Wever 1808, S. 4: „[...] hat von seinem Vetter Herrn von Haus das Haus Wandhofen geerbt". – Johann Friedrich von Hauß, Erbherr zu Wandhofen, † 28.01.1710, heiratete 14.11.1674 Maria Catharina von der Mark zu Villigst (KB Schwerte, ev.-ref.). Eltern und Großeltern des Johann Friedrich von Hauß konnten nicht identifiziert werden (siehe Steinen, 4. Teil, S. 414–418). Als Vetter, im engeren Sinne, sollte eines der beiden Großelternpaare des Johann Friedrich v. Grüter (Anhang 1, Nr. 5.8) auch seine Großeltern sein, was nicht nachgewiesen werden konnte. Maria Catharina von Grüter geb. von der Marck bedachte in ihrem Testament von 1698 ihre „Vettern" und meinte damit ihre Neffen.
4 Stadtarchiv Schwerte, Bestand P, P 168. Für die Überlassung von Kopien dieser Akten (siehe auch Reininghaus 1992, S. 66) danke ich Herrn U. Bleidick, Stadtarchivar von Schwerte, für Hilfe bei deren Entzifferung Herrn Archivdirektor a. D. Dr. L. Morenz.

unterschriebener Notarius nach dem Hauße Ruhr[5] zu kommen verlangt worden, allwo wohlgeborener Freyherr von Grüter auf der Stuben negst der Küchen, zwar krank doch anoch gesunder Vernunft befunden, der mir dann an der Hand greifend zu erkennen gegeben wie dass wann ihn der grundgütige Gott bey anhaltender Krankheit aus diesem Zeitlichen ins Ewige abfordern würde, er in diesem Fall dem Unter Offizier vom löb(lichen) Dossauschen Regiment[6] Casparn Adam Rahlenbeck als s(einer) seligen Schwester Sohn auß sonderlicher zu tragender affection den sogenannten kleinen weite Kamp oben der Elsen negst denen sch-(?)tischen Gründen gelegen auf der Elße beanschließendt wie selbiger Kamp ihm vorher von Herrn Johann Friedrich von Haus Gott seligen Andenkens alß ein Padenstück geschanken dergestalt von allen Schulden frey *per donationem mortis causa* donirt und gegeben haben wollte daß er selbigen nicht nach Soldaten Discretion verschwenderisch sondern zu seinen Nutzen an tig abnutzen mithin zum Dienst hernegst etwanst über Kommender Kinder conserviren solle, welche Donation dann auch gemelter Rahlenbeck mit höchstem Dank gehorsamst angenomen, donirt also Herr Donans Freiherr von Grüter gemelten Rahlenbeck benannte Weite Kamp welche Donation auch dieser mit höchster Danksagung nochmalen vernimbt und will, daß diese Donation optione(?) *juris forma* von aller kräftigsten gelten und bestehen solle, zu wessen Urkunde bes(agter) Donator diesen Donationsschein nicht allein selbsthändig unterschrieben und mit seinem angebohrnen adlichen Petschaft bedrücken lassen, sondern resturiret auch seines hochwohlgeb Freiherrn von Dombroick, Herrn Ratsverwandten Joh. Georg Funcken, Herrn. Königl. Inspector zu Westhoven Joh. Wilh. Ströter, Kilian Sprengern bey der röm. Cath. Kirchen zu Schwerte Organisten und Died. Henr. Rump diesen Donations Schein alß 5. beglaubte Zeugen nebst mich Notarius mit zu unterschreiben und das gewöhnliche Notariat zu apponieren welches alles geschehn auffm Hause Ruhr *uno eodemque actu* nach beschriebener deutlicher Verlesung und wie Herrn wohlgb. Herrn Donatoris völliger approbation, der auch will, daß dieses hernach gerichtlich confirmiret werde, auff Samstag den 13ten Monaths January des 1731 Jahres.

Nach geschehener Verlesung hat Herr Donator annoch erinnert und will, daß wenn Donaturius Rahlenbeck ohne Erben bleiben und sterben sollte, dieser sodann von dem donirten *praedio* nur biß 500 rthlr zu disponieren freystehen daß übrige aber nach dem Hause Wandhoven verfallen sollte

Signatum ut supra
Locus sigillorum
        Joh. Friedr. von Grüter genannt von Haus

---

5   Die Erbin, Anna Margarethe Lappe, heiratete am 12. Oktober 1659, mit 16 Jahren, Heinrich Friedrich von der Mark zu Villigst, den Drosten des Amtes Schwerte (1663–1728). Haus Ruhr wurde als Wohnsitz aufgegeben und Burg Villigst gewählt. Möglicherweise hängt die Anwesenheit von F. J. v. Grüter auf Haus Ruhr mit dem Anteil der v. Grüter am „Lehen zu Burgrechtslehen" zusammen (NIELAND 1953, S. 226).

6   Infanterie-Regiment Nr. 31, Chef des Regiments 1729–1743 Oberst Friedrich Wilhelm v. Dossow, siehe KLOOSTERHUIS 1992.

Ludolff Casp. von Dombroick als begehrter Zeuge
Joh. Georg Funcke als begehrter Zeuge
Joh. Wilh. Strater *testis requisitis*
Kilianus Sprenger als Zeuge
Died. Henr. Rump als Zeuge
Wenn nun vorstehender Donationsschein vom Frhrn von Grüter nach ge-
schehener deutlicher Verlesung und Approbation in meiner des Notarius und
allerseits *ad actionem* requirirter Zeugen unterschrieben und mit diesen [...]."

Die „selige Schwester", Mutter des Caspar Adam Rahlenbeck, ließ sich bisher nicht eindeutig identifizieren, ebenso wenig wie sich der Taufeintrag ihres
Sohnes bisher auffinden ließ. Eine der Schwestern (*siehe Anhang 1, Nr. 5.1,
5.2, 5.3, 5.4, 5.6*) des Johann Friedrich von Grüter war Margarethe Mechtil[d]
Theodor[a] (*Altendorf 10.03.1681, lt. Kirchenbuch der evangelisch-reformierten
Gemeinde Schwerte) (*siehe Anhang 1, Nr. 5.3*). Sie wurde von J. D. von Steinen
(1757) in seiner „Geschlechtstafel v. Grüter zu Werdringen, Aldendorf u. f." nicht
aufgeführt.[7] Friedrich Wever (1808) nannte sie Margarethe Mechediodova von
Grüter und fügte hinzu: „Von ihrem Leben und Sterben hat sich nichts notiret
gefunden." Dies legt die Vermutung nahe, dass die Familie von Grüter eine
mésalliance erkannte und diese nicht notifizierte. Jedoch auch Margaretha
Elisabeth Christine (*Anhang 1, Nr. 5.2*), die von Steinen und Wever schlicht als
als Stiftsfräulein zu Lippstadt charakterisierten, könnte die „selige Schwester"
gewesen sein, denn sie wurde am 15.01.1700 nach einem Prozess aus dem Stift
ausgewiesen: Der Kapitularin wurde übles leichtfertiges Leben, Wandersucht
und vielfältige Unzucht vorgeworfen. In den Archivunterlagen Kleve Märkische
Landessachen ist die Angelegenheit nachhaltig festgehalten (StA Münster,
MMR, Lds. Nr. 274 und Nr. 835). Man hatte nämlich ihre Magd ausgehorcht.
Dabei kam heraus, dass sie ein Liebesverhältnis mit einem Hausprediger des
Stifts hatte, von dem sie geschwängert worden war. In den Prozessakten wird
von „poculum abortis, media probandi" gesprochen, also von einer Fehlgeburt
infolge Gifteinnahme noch während der Probezeit.[8] Aber andererseits: Johann
Friedrich von Hauß[9] (*siehe Anhang 1, Nr. Ha 5.3*) war offenbar Pate des Ban-
kerts Caspar Adam Rahlenbeck und die „hochgeborene Frau von Grüter" war
1741 Patin von dessen Tochter Sophia Maria Amelia (*siehe Anhang 2, Nr. 4.5*).
Im Kirchenbuch von Schwerte erscheint der Name Rahlenbeck in einem
Heiratseintrag aus dem Jahre 1735. Demnach heirateten am „Dom(inica) 3.
Adv(entus)" [= 11.12.1735] Joh(ann) Friedrich Caspar Adam Rahlenbeck, Sergeant
unter Capitain v. Naumann im Regiment v. Dossow in Wesel, und die Jungfer

---

7 STEINEN, 3. Teil, S. 1612–1627.
8 HORSTSCHÄFER, in Vorbereitung. Ich danke Herrn Dr. Horstschäfer für die Erlaubnis, vorab zu
   zitieren.
9 STEINEN, 4. Teil, S. 414–418; vgl. auch Anm. 3.

Anna Maria Engels aus Hagen (*siehe Anhang 2, Nr. 3.6*).[10] Zwei Töchter dieses Paares wurden in Schwerte[11] getauft, eine dritte, Sophia Maria, 1741 in Hagen, wo „die Hochgeborene Frau von Grüter" eine ihrer Patinnen war, und der Sohn Friedrich des Paares soll am 20.06.1744 in Wesel getauft worden sein (*siehe Anhang 2, Nr. 4.3 – 4.6*). Der einschlägige Taufeintrag konnte jedoch weder in einem Weseler Zivil- noch in einem dortigen Militär-Kirchenbuch nachgewiesen werden.[12] Über eine weitere Beziehung dieser Familie v. Grüter mit einem Träger des Namens „Rahlenbeck" berichten die Akten.[13] Ursprünglich stammt die Familie wahrscheinlich aus dem Großraum Ennepetal / Schwerte, wo es eine Gehöftgruppe und ein Gewässer Rahlenbecke gibt.[14] Fred Rahlenbeck, Malmö, hat dazu auf seiner Internetseite u. a. folgende Funde zusammengestellt: „1486 Hentze in der Raderbecke", „um 1630, Maria aus dem Ralenbeck heiratet Caspar auf dem Hölterhoff" und dass „1707 im Oellinghauser Bezirk *Brand's Hammer zur Rahlenbecke*" erbaut wurde.[15] Zwischen den zahlreichen von ihm nachgewiesenen Trägern des Namens „Ra(h)lenbe(c)k und dem Sergeanten Joh. Friedrich Caspar Adam Rahlenbeck eine genealogische Verbindung herzustellen, ist bisher nicht gelungen.

Die oben genannte Anna Maria Engels war Nachkomme eines der Solinger Klingenschmiede, die der Große Kurfürst in Hagen ansiedelte (*siehe Anhang 2, Nr. 1*).[16] Sie war eine Tochter von Gertrud Engels geb. Vorster, die am 12. Oktober 1710 in Hagen konfirmiert wurde und dort am 27. November 1710, 15 Jahre alt, den Klingenschmied Friedrich Engels heiratete, der auch zur Familie Post gehört (*siehe Anhang 2*).[17] Ihr Sohn Friedrich Engels, Reidemeister, Bruder der Anna Maria Rahlenbeck geb. Engels, betrieb in der Selbecke einen gut gehenden Reckhammer[18] und heiratete am 18.03.1756 in Hagen Christine Plettenberg, Witwe des Papiermachers Johannes Vorster aus Eilpe (*siehe Anhang 3, Nr. 4.8*). In seinem Testament vom 02.04.1767[19] bedachte Engels seine verwitwete Schwester und deren Kinder Sophia Maria und Friedrich Ralenbeck. Letzterer

---

10 Herrn Fred Rahlenbeck, Malmö, danke ich für diesen Hinweis auf eine Lesefrucht von Frau Hildegard Söffge, Holzwickede.

11 1736 und 1738, Paten wurden nicht genannt, beide Kinder starben kurz nach der Geburt.

12 VORSTER 1929–1936; KUSS 2009.

13 Landesarchiv NRW, Abt. Westfalen (Staatsarchiv Münster), Gesamtarchiv Landsberg-Velen, Akten Nr. 23819: Rahlenbeck als Mandatar der Freifrau v. Grüter geb. v. Morrien, wohnhaft zu Westhemmerde, betreffs der Auszahlung der Legate der Freifrau v. Heckeren geb. Henriette Sophia Senobie v. Morrien (1814); Akten Nr. 14785: Schenkung des Rayermanns-Hofes und des Babben-Kottens durch die Witwe Albertine Dorothea Jacobina v. Grüter geb. Morrien an den Rentmeister Caspar Diederich Rahlenbeck zu Westhemmerde, Kontrakt über die Verpachtung eines Wohnhauses, Abrechnung über gewährte Darlehen mit Quittungen (1809-1836).

14 Persönliche Mitteilung von Wilfried Reininghaus (E-Mail 11.01.2010).

15 http://web.comhem.se/~u31498148/schwelfam.html (zuletzt besucht am 18.02.2010).

16 HOLZ 1947, 12. Kapitel: Industriedämmerung (S. 147–167).

17 ELBERS 1926, S. 128f.; BUTZ 1937, S. 127–134; KUNZ 2002.

18 JARACZEWSKI 2007, S. 12f.

19 Landesarchiv NRW, Abt. Westfalen, Grafschaft Mark, Gerichte II, Hagen Nr. 102.

wurde zum Vormund der leiblichen Tochter des Erblassers bestellt (*siehe Anhang 2, Nr. 3.6, 4.5 und 4.6*).

Friedrich Ralenbeck heiratete Maria Vorster und die Tochter des Paares heiratete 1800 den Kaufmann und Tuchfabrikanten Johann Peter Caspar Schürmann, Sohn von Peter Caspar Schürmann (1743) und Regina Christine Henriette Post (1754–1822)[20] aus der bereits zitierten Familie Post (*siehe Anhang 2, Nr. 5.6*). Von diesen Schürmanns berichtet die Literatur:

„Die Tuchindustrie wuchs um die Mitte des Jahrhunderts so, daß sie 1754 die Hauptnahrung der Stadt [Hagen] ausmachte"; „unter ca. 1 400 Einwohnern gab es 400 Tuchmacher. Neben Chr. Moll sind die bedeutendsten Betriebe die von Anton Moll, Gebr. Schürmann, [...]"[21] „In der Stadt [Hagen] selbst ist die Fabrikation des Tuches das Hauptgeschäft. Denn die Stahl- und Eisenfabriken befinden sich größtentheils in der benachbarten Gegend; von den Besitzern derselben und Kaufleuten, wohnt ein Theil in der Stadt und ein anderer auf den umliegenden Gütern und Dörfern. Die Tuchfabrik in Hagen, ist erst vor 62 oder 72 Jahren, als eine Feuersbrunst in Lennep [1746] verschiedene Fabriken von da nach hierher zu ziehen bewog, in Ansehen und Aufnahme gekommen. Die Familien Moll und Schürmann waren die ersten, welche sich hier etablirten und diese sind noch jetzt die vornehmsten Tuchfabrikanten in Hagen."[22] – Es war also der Stadtbrand in Lennep und nicht der Charme der Gisbertina Helena Friderica Gerhardina Ralenbeck, der bewirkte, die Tuchfabrikation von Lennep nach Hagen zu verlegen.

Zurück zu Friedrich Engels und seiner Ehefrau Christine geb. Plettenberg, die in erster Ehe mit dem Papiermacher Johannes Vorster verheiratet war, der früh starb[23]. Johannes Vorster besaß eine der beiden Hagener Papiermühlen, die in Eilpe, in der Stennert. Die andere, ältere, stand in Delstern. Letztere war von Mathias Vorster 1693 gegründet worden (*siehe Anhang 3, Nr. 2.2*), 1763 musste sie Konkurs anmelden, fünf Jahre später entschlossen sich die Vorsters der Broicher Linie, den Delstener Betrieb anzupachten und wieder flottzumachen. Hermann und Mathias Vorster aus Broich (*siehe Anhang 3, Nr. 4.2 und 5.2*) traten als Pächter auf.[24] Beide Mühlen, die mehr Papier produzierten als die übrigen 14 märkischen Papiermacher, konkurrierten um den in der Grafschaft Mark in nur begrenztem Umfang vorhandenen Rohstoff der Papierfabrikation, um die geeigneten „Hadern" oder „Lumpen". Der preußische König hatte verfügt, dass nur solche Leute Lumpen sammeln durften, die sich überall durch einen gedruckten Pass mit amtlichem Siegel ausweisen konnten und hatte verboten, Hadern ins Ausland zu verkaufen, wo, wie in den Niederlanden, höherer Gewinn erzielt werden konnte.

---

20 SCHÜRMANN 1903, Tafel 2.
21 ELBERS 1926, S. 130.
22 NEMNICH 1809, S. 472.
23 Über Engels und Vorster im Kirchspiel Hagen s. STEINEN, 1. Teil, S. 1260–1262.
24 DOSSMANN 1987, S. 136.

Auszüge und Abschriften aus: „Acta Commissionis, betreffend: die Papier-Mühlen zu Delstern und Stennert an der Volme, enthält 135. folia". – 1770, 1787–1788.
(Archiv des Landratsamts in Hagen i. Westfalen)[25]

Königliche Entscheidung 17. April 1770. Lumpendistrikts-Verteilung zwischen Vorster und Engels (Kinder) über die Rentei Hörde und Hamm.

Friedrich König in Preußen etc.

Unsern etc. wir haben nach der von Euch in Eurem letztern Bericht vom 26. Juni a. C. gegebenen Versicherung gehoffet, daß die zwischen den Papierma-cher Voerster und Rahlenbeck wegen des Lumpen Sammlens in der Grafschaft Marck vorgewesene Streitigkeiten durch die von dem Voerster dahin gethane Offerte, daß dem Rahlenbeck die halbe Renthei Hoerde vor das Amt Hamm abtretten wolle, nunmehro völlig abgemacht sein würde. Ihr werdet aber aus der abschriftlich anliegenden Vorstellung des Rahlenbecks vom 6 s hujus ersehen, wie derselbe anderweit gebäten hat, daß ihm als Vormund der Engelschen Pu-pillen[26] das Lumpen Sammlen im Amte Hamm ferner belaßen werden möchte. Um nun endlich aus den Zänckereien zu kommen, so finden wir es der Sache gemäß hierdurch festzusetzen, daß der Engelschen Mühle die Renthei Hamm zugeleget und belaßen werden soll, weil sonst durch die Theilung der Renthei Hoerde nur neue Streitigkeiten zwischen dem Sammlen der Engelschen und Voersterschen Mühlen entstehen würden: Und da der Voerster die Hälfte der Renthei Hoerde der gedachten Engelschen Mühlen doch abtretten zu wollen erklärt hat, so wird es convenienter sein, daß er sothane Renthei Hoerde gänz-lich behalte, da denn dergestallt alles lange queruliren ein End hatt. Ihr habt also die Sache dahin zu arrangiren. Sind Euch mit Gnaden gewogen. Geben Berlin den 17ten April 1770.

Auf usw.   von Massow   von Blumenthal von Hagen   von Derschau

Bittschrift der Witwe Herm. Vorster vom 6. August 1787. Streit mit Engels wegen Zuweisung der Lumpensammelbezirke (Amt Hamm)[27].

Copia.

Allerdurchlauchtigster p p[28]

---

25 Landesarchiv NRW, Abt. Westfalen, Kriegs- und Domänenkammer Hamm Nr. 706, Die Pa-piermühlen zu Delstern und Stennert (E-Mail vom 14. Juli 2009, U. Schnorbus, Landesarchiv Nordrhein-Westfalen, Münster).

26 Pupillen, alter Ausdruck für Minderjährige und / oder Unmündige, die unter Vormundschaft stehen, auch Mündel, Pflichtbefohlene oder Pflegekind genannt.

27 Jetzt: Landesarchiv NRW, Abt. Westfalen, Kriegs- und Domänenkammer Hamm, Nr. 706, Kommissionsakte des Kriegs- und Domänenrats von Beust und des Bergrats Eversmann (E-Mail vom 14. Juli 2009, U. Schnorbus, Landesarchiv Nordrhein-Westfalen). Unterstreichung im Original.

28 vermutlich *praemissis praemittendis*, dt. „nach Vorausschickung des Vorauszuschickenden".

Ich schäzze mich glücklich in Ansehung des Wichtigsten Teils meiner Güter, unter einem Regenten zu stehen, dem man, wie Kinder den Vätern seine Noth offenherzig Klagen darf, u. von dem man nach Gerechtigkeit behandelt zu werden gewohnt ist!

In ganz kindlichem Vertrauen komme auch ich deshalb gegenwärtig in tiefster Erniedrigung, ehrfurchtsvoll zum Trone, erzähle die Lage der Sache nach reiner Wahrheit und zweifle nicht, an Erhörung meiner gerechten Bitte.

So wie Preußens Monarchen von jeher, für Aufnahme der Handlung und Fabriquen überhaupt zur Landes Wolfahrt, sorgsam wachten; so war ins besondere auch im Jahr 1753 Vervollkommung der einheimischen Papier Mühlen und der Vermehrung im Herzogthum Cleve ein rühmlicher Gegenstand Landes-Väterlicher Bemühungen.

Mein verstorbener Ehemann, Kenner dieser Fabrique und wohnhaft in der Herrschaft Broich, ließ Endlich sich, gegen Versicherung des Lumpen Sammelns in einem gewißen Teile Herzogthums Cleve, durch den Obristen und Landrath von Conradi[29], zu einer Anlage bereden, die er in der Rentey Holten zu Hamborn sehr kostbar befangen und Actenkundig mit einem Kosten Aufwande von wenigstens 30 000 Rthlr. glücklich vollfüret hat.

Als Unterthan, machte er sichs zur Pflicht, die Wohlthätigen großen Absichten seines allergnädigsten Königs, durch fernere Unternehmung und Thätigkeit mehr noch zu erfüllen und bauete mit geringstens 4 000 Rthlr. ohnweit der Hamborner Mühle, eine zweite zu Wietfeld.

Noch dabey beruhigte er sich nicht: die ihm Heilige Untertanen-Pflicht, zum Besten des Staats nach äußersten Kräften beyzutragen und seinen Mittmenschen so nüzlich zu werden, als möglich, sein nie rastender Fabriquen Eifer und der mächtige Schutz des größten Königs reizten im Jahr 1768 Ihn, eine in der Grafschaft Marck zu Delstern Gerichts Hagen gelegene ihrer natürlichen Lage nach vorzüglich Kostbar, aber auch sehr verfallene und so gar außer Betrieb stehendt so genante Vorstersche Papier-Mühle wieder in gang zu sezzen, solche wegen des Eroefneten Concurses, bis zum Distraction gerichtlich anzupachten u. demnächst mit zurechnung der aufgegangenen wichtigen Ausbeßerungs Kosten für gewiß 18 000 Rthlr. so gar Eigenthümlich an sich zu bringen.

Die Mühle hat, wie die vorgefundenen Briefschaften nachwiesen, die Rentey Districte Amts Hamm und Hoerde fast zeit undenklichen Zeiten bis zum Jahre 1765 nicht nur ununterbrochen und privativ zum Lumpen-Sammlen schon unter gehabt, sondern diese Districte sind nachher ihr auch, durch ein Allerhöchst selbst vollzogenes Verteilungs Reglement d. d. Berlin den 2 Jan. 1765 gantz bestimmt beigelegt: weil aber der damalige Eigenthümer im Jahr 1763 einige Pachtrückstände abzuführen nicht bey Vermögen u. dem Concurse nahe war,

---

29 Vermutlich Oberst Johann Christian von Conrady, Regimentskommandeur, dann märkischer Landrat (König 1788, 1. Teil, S. 326).

wurde von den Hauptpächtern die Rentey Hörde 1765 an einen Lenninghaus[30] auf 6 Jahre und das Amt Hamm an einen Unckenbold[31] auf 2 Jahre verpachtet.

Mein verstorbener Ehemann mit mehreren gut gesinnten Verwandten verhüteten inzwischen den Concurs und unterstüzten einen Sohn deßelben aufs Thätigste zur Fortsezzung der Fabrique.

Dieser that im Jahr 1765 sofort ...[?] Vorstellung um wieder in die Lumpen Sammlung der der Mühle zugetheilten Districte gesezzet zu werden, und hierauf wurden auch die Haupt-Pächter angewiesen: das Sammeln in gedachten Bezirken, allen anderen sub poena Confiscationis, auch bey sonstiger Ahndung zu inhibiren und nach dem Verteilungs Reglement sich stricte zu achten.

Der Hauptpächter des Amts Hamm Krieges-Rath Sudhaus[32] leistete diesem allerhöchsten Befehl die allergehorsamste Folge.

Der Richter Bielefeld, als Hauptpächter der Rentey Hoerde aber: ob er gleich für das Pachtgeld, durch die von meinem abgelebten Ehemann übernommene Bürgschaft, vollkommen sicher gestellet war, hielte deshalb sich nicht dazu verbunden: weil nach dem Pacht Contracte ihm freygegeben sey, alles nach seiner besten convenience zu nuzzen, mithin er auch ganz rechts beständig diesen Districkt dem Lennighaus auf 6 Jahr überlaßen können und belaßen müße.

Ob nun gleich diese Behauptung durch verschiedene nachherige Allerhöchste Verfügung in ganzgründlich entkräftet wurde; so waren dennoch alle Befehle von keiner andern Wirkung, als das endlich derselbe anzeige: den Lenninghaus in güte zur Abtretung des halben Rentey Bezirks beredet zu haben.

Es muste also die Mühle wieder alles Recht, wider die Billigkeit und selbst wider die Allerhöchsten Befehle die andere Hälfte noch immer obstiren.

Statt daß nun der Besizzer den Wolmeinenden Absichten seiner Verwandten gemäs das aufkommen und den guten Fortgang der Fabrique sich sollen angelegen sein lassen, gieng er im Jahr 1768 davon, wurde Soldat und setzte die Mühle außer Betrieb.

Der Kaufmann Engels, Eigenthümer der ohnweit dieser gelegenen Engelschen Mühle, nuzte diesen Zeitpunct, zeigte den Stillstand an, klagte über Mangel an Lumpen und bath daß ihm das Amt Hamm auf wenigstens 10. gewiße Jahre und die Rentey Hoerde während des Stillstandes zum Sammlen verwilliget werden mögte, welches demselben auch durch ein Allerhöchstes Hof Rescript vom 3ten

---

30 Vermutlich Friedrich Arnold Lenninghaus, Erbmühlenpächter zu Hilsing.

31 Vermutlich Henrich Diederich Unckenbold, † 08.09.1753, Prokurator, Receptor, Hamm (KOMOROWSKI et al. 2009, S. 88).

32 Vermutlich Zollpächter Kriegsrat Sudhaus, der um 1741 genannt wurde (vgl. Landesarchiv NRW, Abt. Westfalen, Kleve-Märkische Regierung, Landessachen, Nr. 1135). Auch Haus Steinhausen musste kurz vor 1800 verkauft werden, und kam so in die Hände des Kriegsrates von Sudhausen zu Heithof bei Hamm (STIRNBERG 2000, siehe http://www.as.citynetz.com/ausgaben/html/as51/text/3-10-2.html). Die Tochter Luise Sibylla von Westhoven heiratete den Kriegsrat und Rentmeister Diedrich Gerhard Friedrich Sudhausen († 1770), der somit Besitzer von Haus Heithof (und des Nassauer Hofes in der Stadt Hamm) wurde (http://www.hammwiki.de/wiki/Haus_Heithof)).

May 1768, jedoch ausdrücklich nur <u>ad interim und biß auf diese Mühle wieder in vollem gange sey,</u> verstattet wurde.

Wie nun mein verstorbener Ehemann unterm 4ten Juny d. a. die Mühle gerichtlich angepachtet und den 1ten July vorbesagten Jahres schon wider in betrieb gesezzet, auch nachher Eigenthümlich an sich gebracht hatte, war natürlich sein erster Gedancke, dieser an und für sich so kostbaren Fabrique eine völlige Widerherstellung zu geben, und einen dauerhaften Flor zu verschaffen.

Mittel dazu fand er einzig und allein in Behauptung und Widererlangung seiner Gerechtsame. Er bath deshalb daß ihm die Lumpen Sammlung wider frey gegeben werden mögte, und wurde auch hierauf, wie ganz natürlich seinen Antrage gemäs beschieden.

Wieder alle Erwartung trat nun der Kaufmann Rahlenbeck in der Eigenschaft als Vormund des Engelschen Kindes, und klagte wiederum über mangel an Lumpen, stellte vor daß nach der Generalen Verteilung der Engelschen Mühle außer noch andern Revieren des Herzogthums Cleve zum Lumpensammeln angewiesen sey, daß Sie dieses zum Etablissement der Hamborner Mühle abtreten müßen, daß sie blos nur das Amt Wetter behalten, daß die Vorstersche Mühle mit den in der Rentey Hoerde fallende Lumpen ihr fügliches Auskommen habe und suchte auf die Art billige Ansprüche auf das Amt Hamm vorzuspiegeln.

Dieses alles aber war offenbar Unwarheit, widerspruch des vorher verhandelten und gerades Gegenteil der eigenen Aeußerungen und Geständnisse des Engels: den meine in Hände habende Nachrichten ergeben und Acta müßen es nachweisen, daß die dem Engels pro 1755 / 1756: angewiesene Clev - Moersische Districte: weil er darin gar nicht sammlen laßen, im Jahr 1757 an andere haben verpachtet werden müßen, daß er diese Lumpensammlung bis zum Jahr 1765 zu seiner Fabrique gar nicht exerciret, noch die darin fallene Lumpen dahin gezogen hat und daß er endlich in einer Vorstellung vom 31ten July d. a. selbsten eingestanden; bis dahin wenige nicht Namenswehrte Lumpen aus vorbenannten Districten erhalten zu haben, der redende und umstößliche beweis, daß es ihm an Lumpen nicht gefehlet und ebenso widerlegt sich auch das Anführen, daß die Vorstersche Mühle mit den Lumpen aus der Rentey Hoerde, ihr hinreichendes Auskommen habe von selbst; denn, der Aeußerung des fabriquen Commissarii Kriegsrath Göring[33], daß die Mühle übel daran sein würde, wenn sie das seit vielen Jahren dazu gepachtet gewesene Amt Hamm entbehren solte nicht einmal Erwähnung zu thun, führet der Engels, in der schon allegirten Vorstellung selbst an, daß der vorige Besitzer der Vorsterschen Mühle einer der vornemsten gewesen und aus keiner andern Ursache, als wegen Mangel an Lumpen zu Grunde gegangen sey, auch hat derselbe: ob er schon im Jahr 1765 bereits wegen des Herzogtums Cleve abgewiesen vorhero sich niemalen beyfallen laßen, auf die der Mühle angewiesene Lumpensammlungs Reviere Anspruch zu machen. Der stärckste Beweiß wie schlechterdings unentbehrlich solche, dieser Fabericke schon damals gewesen.

---

33 Michael Christian Göring, * Rügenwalde 23.12.1694, † Hagen 03.07.1783.

Durch alle diese Umstände wurden E(wer) K(öniglichen) M(ajestaet) gewiß auch zu den allergnädigsten Verfügungen vom 22^t Martii, 18^t April, 6. und 7. Juny 18. July und 26^t September 1769 bewogen sein, daß nemlich der Vorsterschen Mühle die ihr zugelegte Districte schlechterdings verbleiben und wenn die befehle dieserhalb nicht vollzogen würden, fiscus excitiret, daß das Lumpen Sammlen im Amte Hamm derselben Positive belaßen, daß die Lumpen aus der Rentei Hamm und Hoerde an Niemanden anders als dorthin verabfolget worden und es schlechterdings beim Reglement verbleiben solle und dem ohnerachtet; kaum läßt sichs dencken, konte mein abgelebter Ehemann zur Einsezzung in die obgedachte Districte nicht gelangen.

Schon müste er, wenn ich mich wahr ausdrücken mag durch Intrigue des Bielefeld die Hälfte der Rentey Hoerde entbehren; und nun schlug auch Rahlenbeck, da alle Versuche mißlangen und weiter nichts ihm übrig war, diesen weg ein: stellte vor, daß er das Amt Hamm von dem Hauptpächters Kriegesrath Sudhaus bereits angepachtet habe und wenn dieser in Güte ihm den getätigten Contract nicht halten würde, er gerichtlich denselben zur Erfüllung anhalten müsse und wolle.

Offenbar eine erdichtete Pacht - eine hervorgesuchte Ausflucht: denn die allerhöchste Verfügung vom 3ten May 1768, aus deren Vorschrift dem Engels die Lumpensammlung in den Renteien Hoerde und Hamm ausdrücklich nur ad interim und so lange verwilliget worden, bis die Vorstersche Mühle wider in vollem Gange sein würde, war wol ganz ohne bedencken den p. Sudhaus bekandt gemacht und konte also hiernach derselbe mit dem Rahlenbeck auf keine Pachtjahre sich einlaßen.

Ob nun gleich in allen vorbeschriebenen auftritten des Rahlenbeck wenig Rechtschaffenheit sich zeiget; so ist es doch denselben dennoch durch unverschämte Zudringlichkeit, und durch Vereinigung mit den Hauptpächtern endlich gelungen: meinem verstorbenen Ehemann unter 25ten July 1770 die Erklärung abzudringen: die bis dahin cavirte Hälfte der Rentey Hoerde, welche er bei dem Betragen des p. Bielefeld, ohnehin für immer verlohren halten muste, gegen das Amt Hamm an die Engelsche Mühle abzutreten.

Hiebey aber verblieb es noch nicht einmal. Die unersättliche Begierde wußte es, durch mir unbekannte Verhältniße, so gar dahin zu leiten: daß durch ein allergnädigstes Rescript d. d. Berlin den 17ten April 1770 Allerhöchsten Orts fest gesezzet wurde, daß die Engelsche Mühle bey dem Amte Wetter das ganze Amt Hamm behalten und der Vorsterschen Mühle dafür die andre Hälfte der Rentey Hoerde beigelegt werden sollte.

Diese entscheidung widerspricht aber mit allerhöchster Erlaubniß E. K. M. allerhuldreichst weisesten Grundsäzzen, widerspricht so gar Allerhöchst dero ausdrückliche Befehle und würde unmöglich haben erfolgen können: wenn mit der waren Lage der Sache, mit der verschiedenheit der der Engelschen und Vorsterschen Mühlen zugewiesenen Districten und mit der Ungleichheit der darin fallenden Lumpen E. K. M. genugsam bekant gewesen wäre: denn

Bey Errichtung des Generalen Verteilungs Reglements war allerhöchst dero woltätigste selbst erklärte Willens Meinung, daß eine jede Papier Mühle nach beschaffenheit ihrer Stärke und Bedürfniß mit einem verhältnißmäßigen District versehen, daß dadurch alle conservirt und einer jedem im Landt eine gewiße ressource verschaft werden solte; auch haben Ew. Königl. Majestaet ferner, durch ein allerhöchstes Hof-Rescript vom 20ten Decembris 1769 ausdrücklich befohlen, daß, so viel insonderheit die Vorster'sche und Engel'sche Papier Mühle anbeträfe, selbige: da sie gleich wichtigen Anlagen wären, gleich gute und große Districte zum Lumpen-Sammlen beigelegt werden sollten.

Allein, diese so höchst weise und der Sache so ganz angemeßene Befehle blieben unwirksam und die vorberürte Verteilung unabgeändert. Mein verstorbener Ehemann that zwaren den, mit E. K. M. allerhöchsten Verfügungen und allergnädigsten Willensmeinung ganz stimmen Vorschlag: alle in den Rentey Districten Amts Wetter, Hamm und Hoerde fallenden Lumpen mit der Engelschen Mühle zur graden Hälfte zu teilen – wurde aber verworfen – der sicherste Beweis schon wie sehr die Voerstersche Mühle durch oft gedachter Verteilung beengt und die Engelsche begünstiget worden.

Um aber den Nachteil nach augenscheinlicher und in seinem ganzen Lichte zu zeigen: will ich füglich die Districte nach warheit beschreiben, die darin fallende Lumpen ohngefährlich angeben, und dann gegeneinander vergleichen.

Das Amt Wetter hat wenigstens 20 000 Eingeseßene oder Personen, gränzt gleich an das Bergische, und hat, außer seiner Größe und vorteilhafter Lage, bloß Fabricanten zu Einwohnern, die bekantlich zur Verschleißung des Leinens, die luxurieusesten Metiers treiben.

Das Amt Hamm hat ausschließlich der dienstthuenden Mannschaft geringstens 10 400 Menschen, grenzt unmittelbar ans Münstersche, hat Einwohner die größten Teils mit Ackerbau sich beschäftigen und statt der wollenen Zeuge durchgängig fast mit Leinen sich Kleiden, liefert folglich die besten und feinsten Lumpen.

Diese beyden Districte bringen Järlich wenigstens 70 bis 80 000 Pfd. auf; dagegen die Personenzahl der Rentey Hoerde nur ohngefähr 21 200 sich belaufen wird und darin järlich höchstens 30 bis 35 000 Pfd. fallen mögte.

Offenbar ist also die Vorstersche Mühle dermalen schon weil ihr nach Allerhöchsten Befehlen, eben so gute und große Districte als der Engelschen zugewiesen werden sollten, das Personale aber und die daran abhangende Lumpen quantitaet um ⅓^{teil} verschieden ist, jährlich um 22 000 Pfd. verkürzet und eingeschränckt.

Statt der zuversichtlich gehoften vorzüglichen Begnadigung, welche Ew. Kgl. Maj. Weltkundig den einziehenden Fremden allgnädigst angedeihen laßen, und worauf mein verstorbener Ehemann ganz besonders Anspruch zu haben glaubte, war folglich auch der Lohn seiner Unterthanen-Treue, seiner wichtigen Anlagen und seinen bekannten Bemühungen zur Aufnahme dieser Art von Fabriquen überhaupt ein Schade von Järlich 22 500 Pfd. von 16 Jahren also 360 000 Pfd.

Natürlich macht eine solche Behandlung einen redlich gesinnten treuen Unterthan mutlos und träge, sowie auch mein verstorbener Ehemann dadurch meinem Sohn Mathias Vorster die Delster'sche Mühle nicht blos mit einer Büde erweitern laßen sondern er ließ auch ohnweit dieser einen neuen Mühlen Bau anfangen, welcher mit einer Kosten Anlage von wenigstens 9 000 Rthler gäntzlich schon vallieret ist und noch mit 2 Büden und 20 Ouvriers vergrößert werden kann.

Diese Fabrique besteht aus 4 vollständigen Riebakken je eine Hammers Mühle von 18 Kumpen auf 6 Büden, 10 Preßen für 60 tägliche Ouvriers und aus geringstens 100 Personen.

Überhaupt, wenn ich diejenigen zurechne welche von Beschaffung der Materialien und Versendung der fertigen Papiere ihren Broderwerb finden und erfordert täglich 8 oder 900 Pfund oder jährlich 25 000 Pfund Lumpen.

Dagegen bestehen die Engelschen Mühlen nur aus 3 Riebakken von denen aber mehr als 2 wegen des Wassers niemals gehen können nur 2 Hammer Mühlen davon eine jedoch mit wenigem Gefälle auf verlorenem Wasser liegt und nur 10 Kumpe hat auf 4 Büden wovon eine mit vorbereiter Hammermühle die die mehreste Zeit außer Betrieb steht und nur mit einigen 36 Ouvriers.

Wenn nur hieraus E. K. M. allerdings zu entnehmen geruht, daß

1.) meine Papier Fabrique um die Hälfte größer ist als die Engelsche, daß sie

2.) durch die letztere Vertheilung so beträglich eingeschränket ist daß bishierhin schon ein Schaden von 360 000 Pfund Lumpen erlitten, daß ich

3.) bey der vorgenommenen Erweiterung meiner Fabrique den dazu erforderlichen Lumpen Bedarf ohne meinen gänzlichen Ruin fernerhin nicht auswärts beziehen kann, daß

4.) Ew. Königl Majestät allerhöchsteigener erklärter Willen Meinung dahin gehet, daß eine jede Papiermühle nach Beschaffenheit ihrer Stärke und Bedürfniß mit einem verhältnismäßigen District versehen werden soll, daß endlich

5.) diese Fabrique eine ganz vorzügliche Unterstützung und Aufmerksamkeit verdient, weil die dem Lande so vorteilhaft und ein Nahrungszweig so vieler Untertanen ist so werden. E. K. M. allerhöchst sehent daß Billigkeit Recht, allerhöchst dero weisesten Grundsäzze und sogar ausdrüklich befehle für mich sprechen: wenn ich nun die Wiedereinsezzung in die Lumpen Sammlung Amts Hamm welche auf eine unerlaubte Art durch falsche Vorspiegelung mir entzogen ist, mit alltgst Flusse und da auch die jezzige Besitzstand der Engelschen Mühle nicht nachteilig sein kann weil diese so wenig alt das Verteilungs-Regelment derselben ein ius qualidum gibt: indem bey Errichtung unserer Etablisement die vorher anders verteilten allergnädigsten Contracte nicht regardiert werden können weil bei Erteilung derselben auf den da Zustand der Fabrique nicht reflektiert worden und ein VerteilungsReglement welches sich zu seiner Zeit die Umstände richtete wenn diese anders nicht unwandelbare bleiben kann so getröste ich mich der allergnädigsten Erhörung meiner gerechten Bitte zweifeln umso wenig da bey Untersuchung der Sache welche E. K. M. eine gantz unbefangene Commissario all(er)g(nä)d(ig)st auf gut wagen geruhenwollen so billig sich zeigen wird als Gerechtigkeit

E. K. M

Broch bey Mülheim, An der Ruhr 6t August 1781, Witwe Herman Vorster

Diesen Einlassungen zum Trotz gelang es dem heftig kritisierten Friedrich Rahlenbeck, den Stiefkindern seines Onkels Johann Friedrich Engels, Maria Magdalena, Andreas David und Theodor Friedrich Vorster (*siehe Anhang 3, Nr. 5.8, 5.9 und 5.10*) die Rohstoffquellen ihrer Papiermühle in Eilpe zu erhalten. Jedenfalls heißt es 1800:[34]

„In der Grafschaft Mark sind jetzt folgende Papiermühlen im Gange

Die zur Stennert bei Hagen gehört dem Andreas David Vorster und besteht aus 2 Mühlen mit 4 Büden von denen die eine eine Stampfmühle mit 5 Loch treibt; übrigens befinden sich darauf 3 Reibbacken.

Die Mühle zu Delstern gehört der Witwe Hermann Vorster zu Mülheim an der Ruhr; hat 2 Holländer und eine Büde."

Quellen- und Literaturverzeichnis

Landesarchiv NRW, Abteilung Westfalen (= Staatsarchiv Münster)
- Gesamtarchiv Landsberg-Velen, Akten
- Grafschaft Mark, Gerichte II, Hagen
- Kriegs- und Domänenkammer Hamm – Nachlass Gisbert v. Romberg
Stadtarchiv Schwerte, Bestand P

Butz, Karl W.: Alte Geschlechter in Hagen. I.: Die Familien Post, Harkort, Butz. Hagen **1937**.

Claas, Wilhelm: Die Papierfabrikation in Hagen-Eilpe und Hagen-Delstern, in: Westfalenland. Heimatbeilage zum Westfälischen Tageblatt, **1933**, Nr. 7, S. 97–107; Nr. 8, S. 113–125.

Darpe, Franz: Geschichte der Stadt Bochum nebst Urkundenbuch. Bochum **1894**.

Dobelmann, Werner: Die Mundelnburg in Wasserhausen, in: Heimat–Jahrbuch Osnabrücker Land **1986**, S. 62–64.

Dossmann, Ernst: Papier aus der Grafschaft Mark. Iserlohn **1987**.

Elbers, Auguste: Hagener Familien, in: Finke, Alfred (Hg.): Die Stadt Hagen (Westf.). Berlin **1926** (Monographien deutscher Städte, 26), S. 127–134.

Fahne, Roland: 1. Geschichte der Kölnischen, Jülichschen und Bergischen Geschlechter in Stammtafeln, Wappen, Siegeln. Stammfolge und Wappenbuch, Bd. 1, Köln **1848**.

---

34   Westfälischer Anzeiger Nr. 96 (1800) 1525, 1526.

FAHNE, Roland: Die Herren und Freiherren v. Hövel, nebst Genealogie der Familien, aus denen sie ihre Frauen genommen (Auch unter d. Titel:) Geschichte von 100 Rheinischen, Westphälischen, Niederländischen und anderen hervorragenden Geschlechtern. Ergänzungsband zu meinen Werken über die Cölnischen, Bergischen, Jülichschen, Clevischen, Mörsischen u. Westphälischen Geschlechter. Köln **1860**.

FRIELINGHAUS, Volker: „Zu Behufs armer und fleißiger Studenten aus dem Kirchspiel Bochum". Das Testament der Elisabeth von der Leithen auf Haus Laer von 1598, in: Jahrbuch der Ruhr-Universität Bochum **1985** (http://www.rittergut-haus-laer.de/html/stiftung.html).

HAHN, Gertrud: Dorf Laer – Haus Laer und die Familie v. d. Leithen, in: Bochumer Heimatblätter. Mitteilungen der Vereinigung für Heimatkunde Bochum e. V., Mitgliedsbrief Nr. 3, April **1949**.

HAHN, Gertrud: Haus Laer, in: Bochum. Ein Heimatbuch, Bd. 7. Bochum **1958** (http://www.bochum.de/C125708500379A31/vwContentByKey/W27CUC2N023BOLDDE).

HOLZ, Walter K. B.: Ein Jahrtausend Raum Hagen. Hagen **1947**.

HONSELMANN, Wilhelm: Die Familie Krane zu Unna, Altendorf, Ober-Rödinghausen und Landhausen, in: Westfälische Zeitschrift 119 (**1969**), S. 377–410.

HORSTSCHÄFER, Heinz-Josef: Haus Altendorf – enge Kontakte zum preußischen Königshof. Wilhelm Dietrich von Buddenbrock: Lebensretter Friedrich des Großen, Unna **2009** (als pdf-Dokument unter: http://www.geschichtswerkstatt-unna.de/grafik/Haus_Altendorf.pdf; zuletzt besucht am 10.03.2010).

HORSTSCHÄFER, Heinz-Josef: Haus Altendorf. Oberhof und Rittersitz. Ms. S. 104, 105, Druck in Vorbereitung.

JARACZEWSKI, Hans-Peter: 310 Jahre Papierfabrikation in Hagen. Die Geschichte der Vorsterschen Papiermühlen – Teil 6, in: Staffin Kabel. Zeitschrift für Mitarbeiter von Stora Enso Kabel, Juni **2007**, S. 12–13.

JOST, Heinrich E. Walter: Geschichte der Familie von der Mar(c)k aus Hamm i. W. stammend 1406 – 1925. Als Manuskript gedruckt. Düsseldorf **1925**.

KLOOSTERHUIS, Jürgen: Bauern, Bürger und Soldaten. Quellen zur Sozialisation des Militärsystems im preussischen Westfalen 1713–1803, 2 Bde. Münster **1992** (Veröffentlichungen der staatlichen Archive des Landes Nordrhein-Westfalen. Reihe C: Quellen und Forschungen aus den staatlichen Archiven, 30).

KNESCHKE, Ernst Heinrich: Deutsches Adelslexikon. 5. Band. Leipzig **1864**; 6. Band. Leipzig **1865**.

KOMOROWSI, Manfred / SCHÜRMANN, Günter / SCHULTE, Andreas: Das „Album studiosorum scholae Hammonensis continuatum": Die Immatrikulationen 1701–1760. Hamm 2009.

KÖNIG, Anton Balthasar: Biographisches Lexikon aller Helden und Militairpersonen, welche sich in Preußischen Diensten berühmt gemacht haben. Berlin **1788–1789**.

KUNZ, Rudolf / ANDRICH, Birgit [Bearb.]: Aus dem Familienalbum der Familie Post, hg. von Jürgen NESTMANN. Hagen **2002**.

KUSS, Erich: Kommentierter Auszug aus Die Familie Vorster. Die Geschichte eines deutschen Papiermachergeschlechtes. Bearbeitet von Ferdinand Vorster, Hagen. In den Jahren 1929 – 193. Digitalisate in den Stadtarchiven Hagen und Mülheim, **2009**.

NEMNICH, Philipp Andreas: Tagebuch einer der Kultur und Industrie gewidmeten Reise, Band II. Tübingen **1809**.

NEUHEUSER, Heinrich: Die Geschichte der Gemeinde Entrup, Kreis Höxter. Nieheim **1966**.

NIERDERAU, Kurt: Die jülich-bergische Kanzlerfamilie Lüninck, in: Düsseldorfer Jahrbuch 51 (**1963**), S. 259–280.

NIELAND, Lieselotte: Der Reichshof Westhofen im Mittelalter, in: Beiträge zur Geschichte Dortmunds und der Grafschaft Mark 50 (**1953**), S. 171–290.

NEDOPIL, Leopold: Deutsche Adelsproben aus dem Deutschen Ordens-Central-Archive, Bd. 1. Wien **1868**.

OIDTMANN, Ernst von: Die Herren von Milendonk aus dem Geschlecht der von Mirlaer, in: Zeitschrift des Aachener Geschichtsvereins 11 (**1889**) 8–49.

REININGHAUS, Wilfried: Die Akten des Schwerter Richters (17./18. Jahrhundert), Stadtarchiv Schwerte Bestand P. Münster **1992** (Inventare der Nichtstaatlichen Archive Westfalens, N.F. 12).

REININGHAUS, Wilfried: Territorialarchive von Minden, Ravensberg, Tecklenburg, Lingen und Herford. Münster **2000**.

SCHÜRMANN, Peter: Nachrichten über die Familie Schürmann, früher in Lennep, sowie einige mit derselben verwandten Familien. Wiesbaden **1903**.

SCHWENNICKE, Detlev: Europäische Stammtafeln, Neue Folge 24 (**2007**).

SPANNHOFF, Christof (Hrsg.): DIE „Kurtze Beschreibung der Uhralten Grafschaft Tecklenburg und der Herschaft Rheda" des Moritz Meier (um 1685). Norderstedt **2008**.

SPIESSEN, Max von: Die Familie von Plettenberg in Westfalen, in: Jahrbuch für Genealogie, Heraldik und Sphragistik 4 (**1897**), S. 7–21.

SPIESSEN, Max von: Entwürfe zu Stammtafeln westfälischer Adelsfamilien, 1880–1920, Buchstabe Ha-Hi [im Landesarchiv NRW, Abt. Westfalen (Staatsarchiv Münster), A 553, Sammlung Max von Spießen, 9].

STEINEN, Johann Dietrich von: Westphälische Geschichte. **4 Teile**, Lemgo 1755–1760.

STIRNBERG, Reinhold: Die Wasserburg Steinhausen. Ein kleiner Rittersitz im Reichshof Westhofen, in: Aktive Senioren – Das Magazin für Schwerte, Nr. 51 (Juni **2000**), S. 14-18 (im Internet auch unter: http://www.as.citynetz.com/ausgaben/html/as51/text/3-10-2.html).

VOM BRUCH, Rudolf: Die Rittersitze des Fürstentums Osnabrück. Osnabrück **1930**.

VORSTER, Ferdinand: Die Familie Vorster. Die Geschichte eines deutschen Papiermachergeschlechtes. Typoskript, Hagen **1929–1936** [im Stadtarchiv Hagen].

Westfälischer Anzeiger, Nr. 96 (1800), S. 1525–1526.

WEVER, Friedrich: Stamm-Tafel der adelichen Familie von Grüter zu Altendorf. Manuskript, Ickern **1808** [im Landesarchiv NRW, Abt. Westfalen (Staatsarchiv Münster), Nachlass Gisbert v. Romberg, B Nr. 85].

Anhang 1 (von Grüter und von Hauß)

a) von Grüter

Nachfahrenliste „v. Grüter" nach STEINEN, 3. Teil, S. 1612–1616, und / oder WEVER 1808, wenn nicht anderes vermerkt. Die Namen der Eltern von Helene Wilhelmine Voß zu Mundelnburg und die der Eltern von Justina von Tecklenburg zu Bordewisch (*siehe unten: Grüter 5.7*) wurden mir von Dr. Heinz-Josef Horstschäfer, Unna, genannt. Die Geburts- / Taufdaten zu Grüter Nr. 5.1 bis Nr. 5.8 wurden dem KB der Kirchengemeinde Dellwig entnommen. Die Sterbedaten zu Grüter Nr. 5.8 und 4.1 (Anna Eva geb. von Mengede) und die Angabe des Lebensalters der Letzteren (zu deren Heiratsdatum wenig passend) stammen aus dem KB der ev.-ref. Kirchengemeinde Schwerte.

1   **von Grüter**, Adolph, zu Werdringen;[1]

     ∞

     von Lüninck, Alheid, zu Niederpleiß,[2] vermutl. T.d. Dietrich von Lüninck zu Niederpleiß u.d. Anna Cappel zu Cappeln.

2.1   **von Grüter**, Johann Georg, Herr zu Werdringen,[3] ⚔ 1597 Ungarn.
2.2   **von Grüter**, Hermann,[4] † Schwerte um 1600;

     ∞

     von Kettler, Katharina, T.d. Jürgen von Kettler zu Unna.
2.3   **von Grüter**, Wilhelm, zu Nierhofen;[5]

     ∞

     Knippinck, Elisabeth, T.d. Otmar von Knippinck zum Klotinghof († 1605)[6]

---

1   Wasserschloß Werdringen, im Gericht Hagen, aber im Kirchspiel Volmarstein gelegen, und ein Volmesteinisch Lehn (STEINEN, 3. Teil, S. 1590).
2   Niederpleis (jetzt 53757 Sankt Augustin) ; zu Lüninck siehe KNESCHKE 1865, S. 43 u. 44. Frederune von Korff, Erbtochter von Haus Cappeln (49492 Westerkappeln) heiratet Heinrich Cappel (1470–1496) aus dem nichtadeligen Hause Werther. Damit kam erstmalig ein Cappel (ohne „von" und ohne „n") in den Besitz von Haus Cappeln. Nach Heinrichs Tod wurde Anna Cappel Erbin von Haus Cappeln. Anna heiratete 1533 den Drosten Dietrich von Lüninck, der dadurch Eigentümer des Gutes wurde (NIERDERAU 1963, S. 259–280).
3   Johann Georg v. Grüter übertrug Gut Werdringen seinem Schwager Caspar von Berchem und zog mit der „Ritterschaft nach Ungarn in den Krieg wider die Türken [...] und darin von einem Türken mit einem Speer getödtet ist."
4   „Er soll keine ehelichen Leibes-Erben nachgelassen und seine Güter, wozu auch der Korn- und blutige Zehend zu Geisecke [jetzt Ortsteil von Schwerte], der an das Haus Villigst verpfändet seyn soll, gehöret hat, seinem Bruder Adam [Nr. 2.5] vermacht haben."
5   Wilhelm v. Grüter kaufte das Haus Nierhofen im Kirchspiel Derne, Amt Lünen, von den Erben des Goddert Haver.
6   Zu Knippinck siehe STEINEN, 3. Teil, S. 428–438. Klotinghof im Kirchspiel Dinker (jetzt 59514 Welver-Dinker).

u.d. Catrina Mellinck († 13.05.1620, 82 Jahre alt).

3.1 **von Grüter**, Margareta, Erbin zu Nierhofen;
⚭
von dem Brinck, Johann, S.d. Wilhelm von dem Brinck (1575–1635) u.d. Elisabeth Mellmann.[7]

4.1 **von dem Brinck**, Maria Gödde, Erbin von Nierhofen,[8] * um 1631, † 04.02.1715;
⚭ [Dortmund-]Derne 28.03.1663
von Roëll, Johann Jakob, zu Dölberg, * um 1640, † Haus Nierhofen 21.02.1682, S.d. Johann v. Roëll zu Dölberg u.d. Elisabeth Brüggemann.[9]

2.4 **von Grüter**, Cappel;
⚭
von Eickel, Dorothea, zu Berghofen,[10] T.d. Evert v. Eickel zu Berghofen und Rötgera v. Galen.

2.5 **von Grüter**, Adam, Herr zu Altendorf;
⚭ I. 08.07.1586
Krane, Maria, Erbin von Altendorf, ehem. Klosterjungfer zu St. Katharinen in Dortmund,[11] † Haus Altendorf 12.07.1599, T.d. Johann Krane zu Landhausen und Altendorf;
⚭ II. 1600
von Hövel, Margrete, zu Sölde,[12] † Haus Altendorf 09.05.1657, T.d. Johann v. Hövel und Ida Valcke zu Rockel (Rocholl).

---

7 Wilhelm von dem Brinck, Ratsherr u. Rittmeister / Erbsasse und Wandschneider in Dortmund. – Elisabeth Mellmann, T.d. Johann Mellmann, Ratsherr und Rittmeister der Reichsstadt Dortmund (pers. Mitteilungen von Frau E. Holtkamp und Dr. G. Schürmann, März 2010).

8 Maria G. von dem Brinck verkaufte 1683 Nierhofen an Jakob Leopold v. Neuhoff zu Wenge.

9 Haus Dölberg, Kirchspiel Lünern, Amt Unna (STEINEN, 2. Teil, S. 890; pers. Mitteilung von B. v. Roëll).

10 Haus Berghofen im Kirchspiel Aplerbeck, Amt Unna, jetzt 44269 Dortmund-Berghofen.

11 Tochter des Johann Krane, Herr zu Landhausen und Aldendorp, u.d. Anna v. Hövel (STEINEN, 2. Teil, S. 784; KNESCHKE 1864, S. 262 u. 263) oder: der Johanna von Milendonck zu (Dren-)Steinfurt (OIDTMANN 1889, S. 17; HONSELMANN 1969, S. 401). „Bürgermeister zu Unna Johan Krane und seiner Ehefrau Anna Kleppings" (Archive NRW, Findbuch A 472 I: Haus Wilbring, Urkunden). Haus Altendorf im Amt Unna, im Kirchspiel Delwig. Siehe auch oben Hauptteil sowie STEINEN, 2. Teil, S. 768–782 und HONSELMANN 1969, S. 377–410).

12 Johann v. Hövel zu Dudenrodt, vermutlich identisch mit dem Johann v. Hövel zu Dudenrodt, der Gründonnerstag 1578 auf der Jagd Johann v. Hövel zu Sölde erschoß (HONSELMANN 1969, S. 402, FN 157). Gut Dudenroth (jetzt 59439 Holzwickede) gehörte seit Mitte des 15. Jahrhunderts der Familie v. Hövel zu Sölde. Siehe auch http://de.wikipedia.org/wiki/Haus_Dudenroth (Stand: 21.04.2010). Valcke zu Rockel (Rockel, jetzt 48720 Rosendahl-Darfeld, Kreis Coesfeld). „Ida Valcke zu Wersche h. Jürgen v. Hövel zu Dudenrode" (FAHNE 1860, S. 176).

3.2 **von Grüter**, Gert Adam, Herr zu Altendorf, † Haus Altendorf 27.02.1673;
∞

von Hetterscheidt, Catharine Richmoth, zu Schlichthorst,[13] * Schlichthorst,
† Haus Altendorf 20.06.1673, T.d. Heinrich von Hetterscheidt zu Schlichthorst
(Bruder von Jobst Henrich von Hetterscheidt, siehe Grüter Nr. 5.7), u.d.
Catharina von Ascheberg zu Bying.

4.2 **von Grüter**, Henrich Adam, zu Altendorf, * 10.12.1645, † 06.07.1696;
∞ 05.12.1673
von Mengede, Anna Eva, a.d.H. Steinhausen,[14] * 1667, † Haus Altendorf

---

13 Die Familie v. Hetterscheidt saß im 16. und 17. Jahrhundert auf dem Gute Dücking, einem
landtagsfähigen Haus im Kirchspiel Stadtlohn [jetzt 48703 Stadtlohn], Bauerschaft Hundewick
(Archive NRW, Münster, Findbuch A 450 Dk Gesamtarchiv von Landsberg-Velen (Dep.),
Dücking). Schlichthorst, Kirchspiel Merzen, Amt Fürstenau, Hochstift Osnabrück. Eine andere
Filiation als STEINEN und WEVER beschreibt VON BRUCH 1930, S. 333–335.
Dietrich v. Lüninck zu Schlichthorst, ∞ I. 03.10.1585 Catharina v. Ascheberg, ∞ II. Henriche v. Merveldt.
A) Anna Helene v. Lüninck, Erbin von Schlichthorst, ∞ 30.06.1616 Heinrich v. Hetterscheidt, † 29.02.1648
   1) Johann Dietrich v. Hetterscheidt, † 1676, ∞ Gusta Agnes v. Vincke
     a) Heinrich Jost v. Hetterscheidt, † 1697 kinderlos, vererbt Schlichthorst dem Enkel seiner Tante
       (siehe Grüter Nr. 5.7), ∞ Cornelia v. Mengede
   2) Anna Adelheid v. Hetterscheidt, ∞ Adam v. Grüter zu Altendorf, deren Enkel, Johan Dietrich v. Grüter
     (siehe Grüter Nr. 5.7), † 1730, erbte Schlichthorst
     (er: ∞ II. Helene Wilhelmine v. Voß zu Mundelnburg, † 1730).
     a) Heinrich Adolf v. Grüter zu Schlichthorst, ∞ 1742 Anna Wilhelmine v. Grüter zu Altendorf.
       (1) Jobst Adolf v. Grüter zu Schlichthorst, † 1797, ∞ Henriette v. Morrien zu Pröbsting. Diese
         starben „unter Hinterlassung einer minderjährigen Tochter Friedrike. Da das Gut sehr
         verschuldet war, verkaufte es die Schwester des letzten Besitzers, Luise Philippine v.
         Grüter".

14 Die Familie von Mengede besaß um 1450 den Rittersitz in Westönnen (jetzt 59457 Werl), Ende
des 17. Jahrhunderts erbaute E. G. von Mengede ein noch heute bestehendes Steinhaus, auch
„Burg" oder „Hohes Haus" genannt (NEDOPIL 1868, S. 24 u. 25).
Die Wasserburg Steinhausen, ein kleiner Rittersitz im Reichshof Westhofen (jetzt 58239 Schwerte-
Westhofen). Im 15. Jahrhundert gehörte Steinhausen jedenfalls den Herren von Wandhof zu
Wandhofen. Als 1480 Elisabeth von Wandhof den aus einem ravensbergischen Rittergeschlecht
stammenden Johann Nagel ehelichte, erhielt sie das Rittergut Steinhausen als Brautschatz.
Der Sohn der Eheleute, Bernd Nagel, verheiratet mit der Dortmunder Patriziertochter Katharina
Klepping, hinterließ keine männlichen Erben. So erhielt seine älteste Tochter Katharina, anläss-
lich ihrer Hochzeit mit Schotte von Mengede zu Westönnen im Jahre 1574 Haus Steinhausen
nebst 1.000 Goldgulden als Mitgift. Wohnsitz der Eheleute blieb jedoch Westönnen bei Unna.
Deren Sohn, Nagel von Mengede, der den Nachnamen seiner Mutter nach damaliger Sitte
beim Aussterben einer Namenslinie zum Vornamen erhielt, heiratete 1596, mit 20 Jahren, die
aus münsterischem Patriziergeschlecht stammende Christina Schencking zur Wyck. Mit ihnen
beginnt der interessanteste Teil der Besitzergeschichte von Steinhausen. Von den 6 Kindern
der Christina Schencking erbte Johann Ernst von Mengede (* 1609, † 1687) Haus Steinhausen. Als alter Mann lebte Johann Ernst bei einer seiner Tochter und seinem Schwiegersohn,
dem Herrn von Grüter, auf Haus Altendorf, nachdem ihm 1672 Schreckliches widerfahren war.
Im dem genannten Jahr kam es im Zuge des französisch-niederländischen Krieges, in den
der Kurfürst von Brandenburg auf Seiten der Niederländer eingegriffen hatte, zum Einfall der
Franzosen unter Marschall Turenne in die Grafschaft Mark, die nun ausgeplündert wurde. Im
Februar 1672 erschienen die französischen Marodeure auch vor Steinhausen. Über das Eis
der zugefrorenen Gräfte drangen sie vor und setzten Haus Steinhausen den „Roten Hahn"
auf (STIRNBERG 2000).

31.03.1728, T.d. Johann Ernst v. Mengede zum Steinhaus und Jodoca Diederica v. Werminghausen zum Clydenstein.

5.1 **von Grüter**, Clara Anna Catharina, Stiftsfräulein St. Walpurg / Soest, * Haus Altendorf 28.04.1675, † 08.06.1713;
∞ Haus Altendorf 17.11.1697
von Buddenbrock, Wilhelm Dietrich,[15] Generalfeldmarschall, * Tilsewischken (Ostpreußen) 15.03.1672, † Breslau 28.03.1757, S.d. Gotthard von Buddenbrock zu Tarrnow und Tilsewischken, königl. preußischer Oberstleutnant, u.d. Elisabeth Sophia von Rappe a.d.H. Angerapp in Livland.

5.2 **von Grüter**, Margaretha Elisabeth Christine, Stiftsfräulein zu Lippstadt, * Haus Altendorf 03.02.1678, † ebd. 15.01.1702.

5.3 **von Grüter**, Margarethe Mechtil[d] Theodor[a], * Haus Altendorf 10.03.1681.

5.4 **von Grüter**, Agnis Elisabeth Helena, Stiftsfräulein St. Walburg / Soest, * Haus Altendorf 22.04.1683, † Soest 1703.

5.5 **von Grüter**, Friedrich Bernd Caspar <u>Jobst Adam</u>, Herr zu Altendorf, * ebd. 18.03.1686, † 28.08.1756;
∞ 30.01.1716
von Düngelen, Sophie Amalie,[16] a.d.H. Dahlhausen, * 21.01.1697, † 1760, T.d. Johan Moritz Winold von Düngelen zu Dahlhausen u.d. Gudula Johanna von Hugenpoth zu Stockum.
Kinder 6.1–6.11:

6.1 **von Grüter**, Anna Wilhelmina Catharina, * Haus Altendorf 01.11.1716, * Schlichtenhorst 08.03.1779;
∞ 1742
von Grüter, Heinrich Adolph Adam (*siehe Grüter 6.12*), S.d. Johann Diederich Melchert von Grüter und Justina von Tecklenburg zu Bordewisch.[17]

6.2 **von Grüter**, Goswin Johann Diederich, * 29.01.1718, † um 1718.

6.3 **von Grüter**, Goswin Moritz Jobst Adam, * 22.03.1719, ⚔ 1745.

Das Geschlecht der von Werminghausen [ürspr. aus 58636 Iserlohn-Wermingsen] starb mit Jobst von Werminghausen zu Klusenstein [Burg Klusenstein in 58675 Hemer] im Jahre 1629 aus (http://www.gral-ev.com/Wereminchusen.html).

15 KÖNIG 1788, HORSTSCHÄFER 2009.

16 Haus Dahlhausen, Kirchspiel Eickel, Amt Bochum (jetzt 44649 Wanne-Eickel, Stadtteil Hordel), gelangte im Jahr 1546 durch Einheirat in den Besitz des Heinrich von Düngelen.
Haus Stockum, gemeinsame Bezeichnung für zwei ehemalige Burganlagen im heute zu Werne (59368 Werne) gehörenden Stadtteil Stockum, die in unmittelbarer Nachbarschaft zueinander lagen, jedoch auf unterschiedlichen Seiten der Lippe. Auf der Nordseite lag ein Oberhof, der später zu einer jüngeren Burg ausgebaut wurde, die man in der Regel Burg Stockum nennt. Auf der Südseite befand sich die ältere Burganlage, die heute auf dem Gebiet der Gemeinde Sandbochum, einem Teil des Stadtbezirks Herringen der Stadt Hamm, liegt und Burg Hugenpoth genannt wird. (http://de.wikipedia.org/wiki/Haus_Stockum_(Werne)).

17 Siehe Nr. 5.7.

6.4 **von Grüter**, Hedwig Helene Justina, * Haus Altendorf 16.08.1720, † Schwerte-Wandhofen ...09.1761.
6.5 **von Grüter**, Wilhelm Diederich Vincens, * 03.03.1722, † um 1722.
6.6 **von Grüter**, Josina Elisabeth Franolina, * Haus Altendorf 06.11.1723, † ebd. 12.03.1768.
6.7 **von Grüter**, Magdalena Sophia Carolina, Stiftsfräulein St. Walburg / Soest, * Haus Altendorf 23.10.1725, † Soest 01.03.1803.
6.8 **von Grüter**, Louise Elisabeth Christine, Stiftsfräulein zu Gevelsberg, * 03.02.1727, † Schwerte-Wandhofen 11.11.1772.
6.9 **von Grüter**, Maria Johanna Friederica, * Haus Altendorf 02.03.1728, † ebd. 28.10.1728.
6.10 **von Grüter**, Carl Johann, zu Altendorf, Landesdirektor, * Haus Altendorf 09.12.1729, † Kleve 16.11.1786;
     ∞ 12.08.1753
     Quadt von Landscron, Charlotte Isabella Henriette,[18] a.d.H. Ickern, T.d. Diedrich Reinhard Christoph Quad von Landscron zu Ickern u.d. Josefina Charlotte von der Marck zu Villigst.
     Kinder 7.1–7.2:

7.1 **von Grüter**, Jobst Wilhelm Franz Christopher Adolf Adam, zu Altendorf, Landesdirektor, * Haus Altendorf 19.01.1755, † ebd. 01.09.1803;
     ∞ Uedem 20.09.1782
     von Morrien, Albertina Dorothea,[19] * Uedem 21.09.1764, T.d. Diederich

---

18 Landscron: Das Ehepaar Elisabeth von Saffenburg zu Tomburg [in Wormersdorf, jetzt 53359 Rheinbach] und Landscron [in Heimersheim, jetzt 53474 Bad Neuenahr-Ahrweiler] und Lutter Quad von Isengarten [jetzt 51545 Waldbröl] begründete um 1440 das Geschlecht der Quadt von Landscron (Max v. Spiessen).
Verzeichnis der Einkünfte während der Vormundschaft über die Kinder des † Diederich Reinhard Christoph Quadt von Landscron, 1742-1749 (Archive NRW, Findbuch A 450 Uh II Landsberg-Velen (Dep.), Uhlenbrock, Akten, Nr. 25566).
Josefina Charlotte, T.d. Lapp Friedrich von der Marck zu Villigst [jetzt 58239 Schwerte-Villigst] (1663-1728) u.d. Alma Josina von Elverfeldt (-1705) (http://www.isphording.info/html/genealogie/maindatabase02/8420.html [Stand: 13.01.2011]; bei JOST 1925, wird Josefina Charlotte v.d. Marck nicht aufgeführt).
19 Zu Morian, Morrien siehe FAHNE 1860, S. 108.
Attest über die Zugehörigkeit der Freifrau Henriette Sophie Zenobie von Grüter, geb. Freiin v. Morrien zu Kalbeck, zur Reformierten Gemeinde zu Uedem (durch den Prediger Johann Peter Schöller) bzw. über Trauung mit dem Freiherrn Jobst Adolph Adam von Grüter aus den Hause Schlichthorst. (Archive NRW, Gesamtarchiv von Landsberg-Velen (Dep.) – Akten, Nr. 11409).
Rahlenbeck als Mandatar der Freifrau v. Grüter geb. v. Morrien, wohnhaft zu Westhemmerde, betreffs der Auszahlung der Legate der Freifrau v. Heckeren geb. Henriette Sophia Senobie v. Morrien (Archive NRW, Gesamtarchiv von Landsberg-Velen (Dep.) – Akten, Nr. 23819).
Schenkung des Rayermanns-Hofes und des Babben-Kottens durch die Witwe Albertine Dorothea Jacobina von Grüter geb. Morrien an den Rentmeister Caspar Diederich Rahlenbeck zu Westhemmerde; Kontrakt über die Verpachtung eines Wohnhauses; Abrechnung über gewährte Darlehen, mit Quittungen; Prozess der Erben von Grüter ./. Schneider Eberhard Stutznaecken zu Unna; Nachlassregelung der Erben der Freifrau von Grüter (Archive NRW, Gesamtarchiv von Landsberg-Velen (Dep.) – Akten, Nr. 14785).

Wilhelm von Morrien zu Kalbeck und Sophia Wilhelmina Albertina von Morrien zu Horstmar.

8.1 **von Grüter**, Elisabeth Sophia, zu Altendorf, * Haus Altendorf 02.02.1788, † Bonn 14.06.1863;
∞ Haus Altendorf 03.05.1810
von Rappard, Jacob Josua, Geh. Regierungs-Rat, * Unna 08.07.1774, † Paderborn 16.06.1859.

7.2 **von Grüter**, Friedrich Wilhelm Franz Engelbert Adam, Fahnenjunker, * 01.08.1757, † Haus Altendorf 06.11.1767.

6.11 **von Grüter**, Engelbert Friedrich Giesbert Adam, Fähnrich, * Haus Altendorf 04.03.1735, † 01.03.1764.

5.6 **von Grüter**, Maria Isabella Wilhelmina, * Haus Altendorf 21.10.1691, † ebd. 17.04.1707.

5.7 **von Grüter**, Johann Diederich Melchert Christopher Adam,[20] zu Schlichthorst, * Haus Altendorf 11.05.1693;
∞ I.
von Voß, Helene Wilhelmine,[21] zu Mundelnburg, T.d. Otto Andreas Voß zu Mundelnburg u.d. Adelheid Elisabeth von Langen zu Sögeln;[22]
∞ II.
von Tecklenburg, Justina,[23] zu Bordewisch, T.d. Heinrich Christoph von Tecklenburg zu Bordewisch u.d. Johanna Dorothea von Donop zu Entrup.

---

20 Erbe des Gutes Schlichthorst von Jobst Henrich von Hetterscheidt, dem Bruder seiner Groß-mutter (siehe Nr. 3.1). „Da das Gut sehr verschuldet war, verkaufte es die Schwester des letzten Besitzers, Luise Philippine v. Grüter, mit Zustimmung der Vormünder ihrer Nichte, zu denen auch der Herzog Ernst von Mecklenburg gehörte, am 4. Juli 1797 für 58.000 Taler an den Kommissionsrat Franz Ernst Christian Schrader in Minden, [...]" (VOM BRUCH 1930, S. 334).
21 Vgl. FAHNE 1860, S. 177–180, DOBELMANN 1986, S. 62f.
Linie Voß Quakenbrück-Mundelnburg: Mundelnburg in Borg-Wasserhausen, Kirchspiel Menslage, Amt Fürstenau, Hochstift Osnabrück (http://www.his-data.de/objekt/ 1/6/5/2/fuerstenau,amt,rahmen.htm), jetzt 49637 Menslage.
22 VOM BRUCH 1930, S. 367.
23 Bordewisch im Ksp. Wersen, Grafschaft Tecklenburg (SPANNHOFF 2008) [jetzt 49504 Lotte-Wersen]; vgl. auch REININGHAUS 2000.
Donop [jetzt 32825 Blomberg-Donop], Entrup [jetzt 33039 Nieheim-Entrup]. „In der Frühe des 28. April 1544 überfielen die lippischen Drosten Anton von Donop, Arnd von Ketzenbrock, die Bürgermeister von Blomberg, Hörn, Lemgo und Detmold mit ihren Bürgern und vielen Adeligen sowie den Vögten von der Oldenburg zu Pferd und zu Fuß mit voller Gewalt das Dorf Entrup" (NEUHEUSER 1966, siehe jetzt auch unter: http://www.entruper.de/Heimatbuch/II-2 Die Frondienste der Entruper Bauern).

6.12 **von Grüter**, Heinrich Adolph Adam;
∞ 1742
von Grüter, Anna Wilhelmina Catharina, * Haus Altendorf 01.11.1716,
† Schlichthorst 08.03.1779 (*siehe oben: Grüter Nr. 6.1*).

5.8 **von Grüter**, Johann Friedrich Adam,[24] zu Haus Wandhofen, * Haus Altendorf 09.10.1696, † ebd. 06.01.1731.

> **von Grüter**, Tochter X
> ∞   „ hypothetisches Elternpaar"
> **Rahlenbeck**

4.2 **von Grüter**, Sohn
4.3 **von Grüter**, Johann Diederich, * Haus Altendorf 02.07.1658
4.4 **von Grüter**, Anna Catharina, Stiftsfräulein zu St. Walburg / Soest;
∞ 08.09.1689
von Dersch, Philipp Casimir,[25] zu Bödefeld, * Bödefeld 1645, † ebd. 1702,

---

24 „Cornet im Cürassierregiment Kronprinz gewesen, hat 1710 von seinem Vetter, Herrn von Haus, das Haus Wandhofen geerbt, ist vom Militärdienst auf sein Verlangen verabschiedet [...] hat das mit vielen Schulden belastet gewesene Haus Wandhofen seinem [...] Bruder Jobst Adam Herrn zu Altendorf [Nr. 7.1] vermacht." Der Erblasser, Johann Friedrich von Hauß, Erbherrr zu Wandhofen (siehe STEINEN, 4. Teil, S. 414–418), wird von Friedrich Wever als „Vetter" bezeichnet, womit vermutlich nicht der genealogische Begriff im engeren Sinn gemeint wurde. Wandhofen „gehört zwar ins Gericht Westhoven, aber ins Kirchspiel Schwerte" (STEINEN, 1. Teil, S. 1502). REININGHAUS 1992:
P 168 Jobst Adam von Grüter, Erbherr zu Wandhofen / Sergeant Rahlenbeck
Appellationsklage des von Grüter wegen des Weitekamps oberhalb der Elseweide bei Villigst, der mit Ochsen beweidet wird. Der Weitekamp ist von Johann Friedrich von Grüter zu Haus 1710 dem Sergeant Rahlenbeck geschenkt worden. Schulden von Rahlenbecks Pächter Schmiemann zum Roten Haus in der Grafschaft Limburg und Johann Georg Funcke, Schwerte.
P 172 Nachlaß des Johann Friedrich von Haus, Erbherrr zu Wandhofen.
1711, Enth. Forderung der Evangelisch-Reformierten Kirchengemeinde zu Schwerte, vertreten durch Prediger und Gemeindevorstehen (nicht benannt), nach dem Tod (28.01.1710) des Johann Friedrich von Haus, Erbherr zu Wandhofen, ein Stiftungsversprechen zugunsten der Armen und Waisen einzulösen.
Witwe von Grüter / Herr von Hauß zu Niederhofen wegen des vor dem Pfarrer zu Dellwig, Hülshoff, aufgesetzten Testaments des Erbherren von Haus; Zeugen außer Hülshoff: Jobst Adam Schult(e)-Westhoff, Johann Heinrich Mellingh zu Wandhofen.
25 Anna v. Hanxleden auf Burg Bödefeld (jetzt 57392 Schmallenberg-Bödefeld) heiratete den aus Hessen stammenden und dort begüterten Ritter v. Dersch (in oberdeutscher Aussprache „Tersen" genannt). „Als Datum der Eheschließung des Rabe von Dersch mit Anna von Hanxleden kommt ein Zeitpunkt um 1520 in Frage. Ihr erstgeborener Sohn Johann von Dersch d. Ä. muß bei der urkundlichen Nennung 1551 etwa 30 Jahre alt gewesen sein" (http://www.hanses-genealogy.

S.d. Johann von Dersch d.J. zu Bödefeld u.d. Barbara von Berninghausen zu Antfeld.

3.2 **von Grüter**, Hermann Wilhelm, † Soest 23.03.1625.

2.6 **von Grüter**, Elisabeth;

∞

von Berchem, Friedrich Caspar,[26] zu Rockel, ehem. Ordensritter, S.d. Henrich von Berchem zu Rockel und Ehefrau geb. von Kaltenbach.

2.7 **von Grüter**, Adelheid;

∞

von Düdinck, Johann,[27] zu Altenhagen, S.d. Johann von Düdinck zu Altenhagen u.d. Aleke von Groll.

2.8 **von Grüter**, Catrin;

∞ 1580

von Dinsinck, Hermann,[28] zu Balken, S.d. Johann von Dinsingk u.d. Anna von der Berswordt.

homepage.t-online.de/hanses/Namen/020672.htm). Mit dem Geschlecht derer v. Dersch, die stets verschuldet waren, begann der Verfall der Burg und des Gutes. Die v. Dersch wohnten zumeist auf ihren hessischen Gütern. Die Ländereien und Wiesen zu Bödefeld waren zum großen Teil an Einwohner verpachtet. Ein Grundstück nach dem andern wurde verkauft, ohne sich um das Lehnsverhältnis zu kümmern.

Das große Unglück kam im Jahre 1684, als der Ritter Johann Christoph v. Dersch, der unverheiratet war, aber zwei illegitime Kinder hatte, die er zu Erben machen wollte, von seinem Halbbruder Franz Heinrich ermordet wurden. Nachfolger wurde der andere Halbbruder Philipp Casimir, ein edler, die mündig gewordenen illegitimen Nachkommen des ermordeten Ritters den Prozess um das Gut anstrengten, der mit seinen Ausläufern gut 150 Jahre gedauert hat. (http://www.lengelmuehle.de/00000096e213cea01/00000096e213f9b15/index.html; http://www. heimatverein-boedefeld.de/Geschichte/Die _Burg/die_burg.html).

26 Friedrich Caspar von Berchem erhielt von seinem im Türkenkrieg gefallenen Schwager Johann Georg von Grüter (Nr. 2.1) das Gut Werdringen (s. STEINEN, 3. Teil, S. 1632).

27 Um 1400 gelangte ein großer Teil Werdringens von der Familie Dobbe an die Familie Düdinck zu Altenhagen. Sie vererbten ihren Teil anschließend über die Familie von der Capellen (Capell) an die Familie Elverfeldt (Elberfeld). (STEINEN, 1. Teil, S. 1239; http://www.historisches-centrum. de/index.php?id=145).

28 Jorgen von Bachum, Erbe von Balken und Berge, und Sybille von Besten (Haus Sythen), verkaufen 1482 „ein adelich geseß, die underzogede Balcken genannt", im Gericht Recklinghausen und im Kirchspiel Buer gelegen, an Jaspar von Dinsing und seine Frau (LA NRW, Abteilung Rheinland, Düsseldorf, 115.05.06 Reichskammergericht, Teil VI: M-O). „Balcken. Dieser Rittersitz hat in der Brockbauerschaft gelegen, ist aber verwüstet. Ich vermuhte, daß es das Stamhaus der Familie v. Balcke gewesen, davon im XIV Stück dieser Geschichte Nachricht gegeben worden. Hernach ist es an v. Dinsingk kommen, weiter an v. Boenen, dessen Nachkommen die Güter noch besitzen", „1529 Johann v. Dinsingk, Anna v. der Berswordt, Erbe von Berendorp. Herman (Dinsink) Herr zu Beredorp. Er hat sich zweymal vermählet mit 1. Maria, Lubbert von Wendt und Appolonia v. Gele. 2. 1580, Catrin, Alf v. Grüter und Alheid Lüninck zu Niederpleiß" [siehe Nr. 1.1] (STEINEN, 3. Teil, S. 252, 256, 257).

2.9   **von Grüter**, Anna;

∞

von der Leithen, Jobst,[29] S.d. David von der Leithen zu Marten u.d. Anna von Schell zu Rechen.

b) von Hauß

Nachfahrenliste „v. Hauß" nach STEINEN, 4. Teil, S. 414–418; FAHNE 1848; SPIESSEN 1880–1920, wenn nicht anderes vermerkt. „Dieses ritterbürtige und alte Geschlecht [von Hauß] stammet aus dem Herzogthum Berge, von dem Rittersitz Haus" (STEINEN, 4. Teil, S. 414f.). Das Geschlecht „zum Haus" errichtete in Ratingen 1276, gleichzeitig mit der Gründung der Stadt Ratingen, eine befestigte Anlage, die heutige Kernburg „Haus zum Haus". Johann zum Haus

---

29 Nach FAHNE 1860, S. 103, heiratet Jobst von der Leithen, S. v. Gert von der Leithen zu Marten und Alheid von Schwansbell. (HAHN 1949; HAHN 1958, siehe auch http://wiki-de.genealogy.net/ Haus_Laer).

FRIELINGHAUS 1985: „[...] In der zweiten Hälfte des 16. Jahrhunderts (1570?) heiratete sie Dietrich von der Leithen vom zwei Kilometer nordöstlich der Ruhr-Universität gelegenen Rittersitz Haus Laer, heute ältester erhaltener Profanbau auf Bochumer Stadtgebiet. Ihr Mann war Sohn des Adrian von der Leithen, der als Mitglied des Kirchenvorstandes der Bochumer Pfarrkirche für den Wiederaufbau der heute so bezeichneten Propsteikirche Bochum nach dem verheerenden Bochumer Stadtbrand von 1517 sorgte. Die einschlägigen Lebensdaten Dietrich von der Leithens sind nicht bekannt. Für 1540 und 1549 wissen wir, daß er zu diesem Zeitpunkt mit einem weiteren Gut belehnt wurde und daß er 1577 testierte. Nach diesem letzten Willen sollte Elisabeth leibzuchtweise im Besitz aller Güter bleiben, falls keine Kinder vorhanden sind. Die Ehe blieb kinderlos, so daß Vetter David von der Leithen, der älteste Sohn des Jobst von der Leithen zu Marten und der Anna von Grüter, neuer Eigentümer von Haus Laer wurde. Da dies nach den überkommenen Nachrichten erst 1584 geschah, hat entweder Dietrich von der Leithen erst sieben Jahre nach seinem Testament das Zeitliche gesegnet oder seine Witwe Elisabeth den Rittersitz Haus Laer in der Zwischenzeit selbst verwaltete.[...]."

HAHN 1958: „Und Davids Sohn Jobst, der Erbherr auf Laer, Obristwachtmeister, lag 1634, von Essen zurückkommend, in Steele. Bochum schickte einen Kundschafter dorthin aus Furcht vor den Schweden unter Oberst Wendt v. Krassenstein, die die Gegend unsicher machten (DARPE [1894], S. 24). Jobst ist lutherisch, 1630 haben er, sein Bruder Georg und sein Vetter Jobst v.d.L. auf Marten mit der evang. Ritterschaft des Amtes Bochum den Kurfürsten v. Brandenburg gebeten, Übungen der ev. Religion in Bochum zu gestatten. 1638 schreibt er an die Frau des Richters Daniels ‚Edelfeste ehr- und vieltugendreiche in Ehren vielgünstige Frau Richtersche' unter anderem: ‚zudem haben die Wartenburgischen dermaßen mit mich gehuset, daß des Schadens noch in 6 Jahren nicht vergessen werde, und daß leider die abscheuliche Krankheit auf meinem Hause gehabt, davon keinen geringen Schaden habe verschmerzen müssen'. Unterschrift: E. L. in Ehren dienstwilliger Jobst v.d.Leithen zu Lhaer. Nach seinem Tode vor 1644 heißt es, die Störung des kath. Gottesdienstes im Jahre 1644 sei dadurch veranlaßt, daß der kath. Pastor Johann Funck dem v.d.Leithe sein Erbbegräbnis habe verweigern wollen (DARPE [1894], S. 267). Die Grabplatte seiner zweiten Frau, Margarete v. Galen aus dem Hause Töddinckhausen († 1657) liegt im Gartengelände von Haus Laer. Sie stammt aus der 1895 abgerissenen Ümminger Kirche, wie alle jetzt auf Laer befindlichen Grabplatten. Die Herren vom Hause Laer hatten ihre Erbgruft in der genannten Kirche."

wurde 1447 Marschall des Herzogtums Berg (http://www.wasserburg-zum-haus.de/html/geschichte. html).

Niederhofen bei Wellinghofen, Amt Hörde, Kirchspiel Wellinghofen (Stei-nen, 4. Teil, 402, 412). Wandhofen im Gericht Westhofen, Kirchspiel Schwerte (Steinen, 1. Teil, S. 1547–1832). Margret von der Lage, Erbin von Niederhofen und Wandhofen, brachte diese Güter um 1545 an Henrich v. Hauß (Steinen, 4. Teil, S. 414f.).

Ha 3.1 **von Hauß**, Adolph, zu Niederhofen und Wandhofen;

∞

von Meckeren, Elisabeth,[30] zu Oberdrees, T.d. Evert von Meckeren u.d. Catharina von Welpendorp[31].

Ha 4.1 **von Hauß**, Conrad, zu Oberdrees, Drost zu Borckelo, † 31.05.1671; ∞ 01.11.1631

von Heeckeren, Johanna, zu Nettelhorst, † 1652, T.d. Walrave v. Heckern zu Nettelhorst und Agnes v. Aeswin zu Sterkenburg.[32]

Ha 4.2 **von Hauß**, Bernhard, zu Niederhofen, * 13.07.1592, † 03.12.1646; ∞

---

30 Erbin von Oberdrees (Fahne 1848, S. 142). Oberdrees, jetzt 53359 Rheinbach-Oberdrees. – „Meckeren Meckern. Altes, clevesches, geldernsches und cölnisches Adelsgeschlecht, wel-ches bereits 1536 zu Lehnen um Gennep [Niederlande Prov. Limburg], später zu Brummen [Brummen am Ijssel?] und Westerbach bei [46459] Rees, zu Steuesand und Meinerswyk bei Sevenar und noch 1700 zu Opreez sass. Fahne, I. 8. 271. – Freiherr v. Ledebur, I. 8. 89 und 90 – Siebmacher, V. 39" (Kneschke 1865, S. 200). „Dutch Naval Officer: Gerard van Meeckeren. Gerard van Meeckeren was a Zeeland naval officer. He lived from about 1500 until about 1570. He was a Vice-Admiral of Flanders, Hol-land, and Zeeland from 1523 until 1553. In 1528, he fought the French near Dieppe and sank the French vice-admiral. In 1532, he was vice-admiral of a squadron in the Sound. He was Lieutenant-Admiral of the admiralty of Burgundy-Beveren in 1533. Also in 1533, he opened the Sound for Dutch shipping. In 1636, he took many prizes in the war on France. In 1543, he was a squadron commander on the French coast. He burnt many ships in the Garonne. In 1544, he was a squadron commander in the Channel. On 1 December 1553, he was Vice-Admiral of Dunkirk. As Vice-Admiral of Dunkirk, he was responsible for the supervision of the Dunkirk herring fishery. He left the service on 2 July 1562. This is based on my translation of the two sources. Sources: # Luc Eekhout, Het Admiralenboek: De Vlagofficieren van de Nederlandse marine 1382-1991, 1992; # J. C. Mollema, De Eere Rol, from Geschiedenis van Nederland ter Zee, Vol. II, 1940" (http://anglo-dutch-wars.blogspot.com/2006/06/dutch-commander-of-marines-gerolf-van.html).
31 Nach Spiessen 1880–1920, S. 177; Steinen, 3. Teil, S. 19.
32 http://searches2.rootsweb.ancestry.com/th/read/GEN-BENELUX/2005-01/1106595045 (am 19.07.2010). Nettelhorst, Schloss: Niederlande, Provinz Gelderland, Gemeinde Lochem. Aeswin: Archive NRW: 196 a, 1570 Juni 22, Floris van den Bongaert, Herr zu Nijenrode (Nyenrode), und seine Ehefrau Agnes von Azewijn (Aeswin) als zuletzt Behandete an dem Gut gen. Praestinckhoff im Kirchspiel Gendringen (Gende-), das ein Leibgewinnsgut des Kapitels von Xanten ist, haben dem Edlen Reynout von Azewijn, Herrn zu Brakel (Braeckel) und Sterkenburg (Sterckenberch), Bruder und Schwager der vorgenannten Eheleute, alle ihre Rechte und Ansprüche an dem Hof übertragen und darauf zugunsten Reynouts und seiner Erben verzichtet.

Voigt von Elspe, Henrica,[33] * 26.09.1594, T.d. Jan Bernd (Christoph) Voigt von Elspe d.J., Herr zu Borchhausen, Schnellenberg, Vornholte, Herfeld und Bamenohl, u.d. Margret von Melschede zu Garbeck.

Ha 5.1 **von Hauß**, Johann Bernd, zu Niederhofen;
∞ 1670
von Neuhoff, Anna Hendrina Margareta,[34] zu Rhade, T.d. Wilhelm von Neuhoff zu Rhade u.d. Henrike von Neuhoff gen. Ley.

Ha 6.1 **von Hauß**, Steffen Ernst Henrich, zu Niederhofen;
∞ 12.07.1696
Voigt von Elspe, Ida Elisabeth Wilhelmine,[35] zu Stirpe, * 25.07.1669, T.d. Georg Wilhelm Voigt von Elspe zu Stirpe u.d. Anna Hendrica Voigt von Elspe zu Bamenohl und Herfeld (T.d. Henrich Philipp Voigt von Elspe zu Bamenohl und Herfeld u.d. Magdalena Elisabeth von und zu Waldmannshausen).

Ha 7.1 **von Hauß**, Friedrich Christian Ferdinand Giesbert,[36] zu Niederhofen und Heyde, Königl. Preuß. Generalmajor, * 1698, † 15.12.1764;
∞ November 1748
von der Reck, Elisabeth Sophia Wilhelmine,[37] zur Heidemühle, * 06.10.1718, T.d. Johann Matthias Friedrich von der Reck zur Heidemühle u.d. Charlotte Albertina von Plettenberg zum Schwarzenberg.

---

33 STEINEN, 1. Teil, S. 1922f.
34 Jahr der Trauung und Namen der Eltern nach SPIESSEN 1880-1920, S. 177. Neuhof, westfälisches Adelsgeschlecht mit Schloss Neuenhof bei Lüdenscheid als Stammsitz. Weitere Besitze waren Pungelscheid (bei Werdohl), Haus Ley (bei Ründeroth), Burg Eibach (bei Lindlar, heute Ruine) und Burg Koverstein (bei Meinerzhagen, heute Ruinenreste. Aus ihr gingen ein König von Korsika, ein Bischof und mehrere Äbte hervor. Haus Rhade liegt zwischen Lüdenscheid-Oberbrügge und Kierspe.
„Wilhelm von Neuhoff, Herr zu Rhade und Gelinde, war auch Drost zu Lünen und Nienrade. Im Dreißigjährigen Krieg wurde er 1627 kurbrandenburgischer Kriegs-Kommissar. 1636 heiratete er seine 14-jährige Cousine Anna Henrica von Neuhoff gen. Ley, Erbin zu Pungelscheid und brachte so Pungelscheid wieder in Familienbesitz. Aus der Ehe gingen vier Kinder hervor (http://de.wikipedia.org/wiki/Neuhoff_(Adelsgeschlecht)).
Urkunde 571 (1593 XI 27): Das Pfandgut zu Rhade des verstorbenen Bernhardz vom Neuwenhave zu Rhade, als Entschädigung für seinen Verzicht auf das Streitobjekt [...] Siegel des Ausstellers und des Richters von Keszpen Johan Rüvenstrunck, ehem. an Pressel, fehlen (http://wiki-de.genealogy.net/Kierspe).
35 STEINEN, 1. Teil, S. 1927.
36 KÖNIG 1789, 2. Teil, S. 121f.
37 STEINEN, 3. Teil, S. 97. – 21.01.1793 Testament Ehepaar Friedrich Stephan v. Hauß und Josine von der Reck zu Niederhofen (Archive NRW, Landesregierung Münster, Nr. 158); Mutter: Dorothea Sybilla Josina von der Recke zur Heidemühle (GenWiki Haus Niederhofen) [geborene Dincklage zu Meyerick, verh mit Diederich von der Reck zur Heidemühle (STEINEN, 3. Teil, S. 97). Friedrich Adolph Conrad Moritz Freyherr von Hauß heiratet 29.09.1811, Hemer, Juliane Francisca Charlotta Wilhelmina von Hobe, verkauft 1812 das adelige Gut Heide in der Ge-

Ha 8.1 **von Hauß**, Friedrich Stephan, * 1750, † Wellinghofen 07.01.1805;
⚭ I. Wellinghofen 13.09.1773
von Diepenbrock, Luise Anna, zu Buldern, † 1781, T.d. Friedrich Anton von Diepenbrock u.d. Gustave Caroline von Wrede zu Steinbeck;
⚭ II. Wellinghofen 15.08.1786
von der Reck, Josine, zu Niederhofen,[38] † Wellinghofen 02.01.1801, T.d. Diedrich Heinrich Conrad von der Reck u.d. Dorothea Sophie von Dinklage zu Meyerich (* 25.01.1723).

Ha 9.1 **von Hauß**, Friedrich Adolf Conrad, zu Niederhofen, * 17.01.1791;
⚭ Hemer 29.09.1811
von Hobe, Juliane Friederike Charlotte, * 04.05.1794, T.d. Johann Wilhelm von Hobe, Forstmeister,[39] u.d. Louise Sophie Johanna von Romberg.

Ha 10.1 **von Hauß**, Elfriede Luise Philippine, * 04.05.1821.
Ha 10.2 **von Hauß**, Mathilde Julia Caroline, Erbin zu Niederhofen, * 10.04.1823, † 06.05.1858;
⚭
von Frydag, August Engelbert, zu Buddenburg,[40] * 02.11.1802, † 07.10.1875.

Ha 4.3 **von Hauß**, Lucas, zu Wandhofen, * 1604, † Schwerte 14.03.1673;
⚭ 1634
von Plettenberg, Ida Christine,[41] zu Lenhausen, * 1613, † Schwerte 26.07.1667, T.d. Johann von Plettenberg zu Lenhausen, Marhülsen und Stockum, Grimberg und Grevel, u.d. Christine Voigt von Elspe.

Ha 5.2 **von Hauß**, Lucas;

---

meinde Annen, Witwe El. S. W. von Hauß, geb. Freiin v. d. Reck zu Niederhofen (Stadtarchiv Dortmund, Bestand 440 – Familie von Sydow; [Frau U. Pradler, 29.01.2010]).
Johann von der Reck zu Kamen ist der Ahnherr der Linie von der Reck zur Horst; er wurde 1546 geboren und starb 1609.
Sein Sohn Diederich von der Reck, gestorben 1625, erbte zusammen mit seiner Frau Sybille geb. von Loe Schloß und Herrlichkeit Horst im Vest Recklinghausen.
Hermann Diederich von der Reck, geb. 9.3.1640, gest. 16.6.1726, war Herr zu Horst und Haus Heidemühle. Er verkaufte Haus Horst und erwarb dafür Heidemühle, einen weitläufigen Rittersitz an der Lippe (http://wiki-de.genealogy.net/Haus_Horst).

38 v.d.Reck zu Niederhofen, siehe Archive NRW, Abt. Westfalen, Findbuch B 4 (Landesregierung Münster) 158, 1805, Publizierte Testamente der Eximierten – Bd.10.
39 HOBE, J. W. v.: Etwas vom Anbau, Erhaltung und Benutzung der Weiden. Zum Nutzen und Gebrauch für Landleute, in: Allgemeine Literaturzeitung 3 (Nr. 177) (1786) 171, 172.
40 Jetzt 44532 Lünen-Lippolthausen.
41 SCHWENNICKE 2007, Tafel 60.

∞ 1672?[42]

von der Marck, Maria Catharina,[43] zu Villigst, † Schwerte 28.12.1715, T.d. Gotthart Friedrich von der Mark, Drost zu Schwerte und Villigst, u.d. Klara von Ascheberg.

Ha 5.3 **von Hauß**, Johann Friedrich,[44] † Schwerte 28.01.1710;
∞ Schwerte 14.01.1674[45]

von der Marck Maria Catharina,[44] zu Villigst, † Schwerte 28.12.1715, T.d. Gotthart Friedrich von der Marck, Drost zu Schwerte und Villigst, und Klara von Ascheberg[46].

Ha 5.4 **von Hauß**, Adam Henrich, † Schwerte 09.01.1710.

Ha 5.5 **von Hauß**, Margareta;
∞ 1687[47]

von Loe, Johann, zu Holte,[48] S.d. Rembert von Loe, Herr zu Holte, u.d. N. von Holtey

Ha 5.6? **von Hauß**, Margareta Sibylla zu Wandhofen,

---

42 Ehe, ohne Zeitangabe, laut a) Steinen, 4. Teil, S. 417, b) Fahne 1848, S. 142, c) Spiessen 1880-1920, S. 179 u. d) Archive NRW, Reichskammergericht, 115.05.01, Teil I: A-B; 430, Aktenzeichen: B 1034/3707: ... Lukas vom Haus zu Wandhofen (Kr. Iserlohn), seine Ehefrau Maria Katharina von der Mark und sein Bruder Johann Friedrich vom Haus zu Wandhofen. Nach Jost 1925 keine Ehe mit einer von der Marck zu Villigst.

43 „Johann Berndt Gotthard Friedrich, Herr zu Villigst, fürstlich klevischer später brandenburgischer Droste von Westhofen und Schwerte, * Clara von Ascheberg, Erbin zu Ruschenburg und Tochter des Joh. zu Ruschenburg und Anhorst und der Hedwig von Wendt zu Krassenstein, † 10.3.1644.
Kinder: [...] 6. Maria Katharina, Gemahlin des Joh. Friedrich von Hauß, Herrn von Wandthof 11.1.1674 (Wandhofen)" (Jost 1925, S. 169).
„Die Taufregister der lutherischen Kirche in Schwerte reichen bis 1604, die der Kopulanten bis 1586 und die der Verstorbenen bis 1585, wohingegen die der kleinen reformierten Gemeinde bis 1660 gehen" (Jost 1925, S.166).
KB Sterbeeintrag: „... Frau von Haus Clara Margareta von der Marck ...". Möglicherweise verwechselt mit „Clara Anna Margarethe v. d. Marck, * 1676, † 25.09.1727" (Jost 1925).

44 Vererbte Haus Wandhofen an Johann Friedrich Adam von Grüter [siehe oben Grüter 5.8]. Verfasste sein Testament 1681 (Nieland 1953, S. 229) und/oder 2.12.1703 (Horstschäfer, in Vorbereitung).
Vgl. auch oben Anm. 24 die Angaben aus Reininghaus 1992: P 168 und P 172.
Das Sterbedatum „28.01.1710" (P 172) steht im Widerspruch zu der Angabe, dass Friedrich von Hauß am 10. Febr. 1710 Pate bei der Taufe von Wilhelmina Catharina von Buddenbrock war (Horstschäfer, in Vorbereitung).

45 Ehe laut ev.-ref. KB Schwerte: „[...] Fräulein Maria Catharina von der Marck auf dem Haus Wandhoven copulirt", sie wurde also nicht als „Witwe" bezeichnet. Jost 1925, S. 169: Kinder von Johann Berndt Gotthard Friedrich [von der Marck], Herr von Villigst u. Clara v. Ascheberg „[...] 6. Maria Katharina, Gemahlin des Joh. Friedrich von Hauß, Herrn von Wandthof, 11.1.1674 (Wandhofen)". Lucas von Hauß wird nicht als Ehemann genannt.

46 http://wiki-de.genealogy.net/Haus_Rauschenburg_(Olfen)

47 Ehe laut Steinen, 4. Teil, S. 417.

48 Steinen, 3. Teil, S. 184. Johann von Loe war in erster Ehe mit Anna Torck verheiratet. Namen gebender Stammsitz des Geschlechts war das Haus Loe bei Marl. Gerhard von Loe vermählte sich 1470 mit Adelheid von Holte, Erbin von Holte im Kirchspiel Lütgendortmund (http://de.wikipedia.org/wiki/Loë_(Adelsgeschlecht)

∞ Schwerte 28.07.1688[49]
von Freytag, Franz Gisbert,[50] zu Schörlingen, † vor 1695, S.d. Goswin Fridrich von Freytag und Engel von Lipperheide, Erbin zu Schörlingen.

Anhang 2: Nachkommen Engels[51]

1. **Engels**, Friedrich, Klingenschmied, * Solingen 14.02.1630, † [Hagen-] Eilpe 11.12.1702;
   ∞ um 1680
   Cramer, Anna, * 1642, † Eilpe 27.11.1685.

2.1 **Engels**, Anna Christina Catharina, * Solingen um 1680;
    ∞ I. [Hagen-]Delstern 28.11.1698
    Vorster, Mathias, Papiermüller Mühle Delstern, * Mülheim an der Ruhr 20.01.1659, † Delstern 29.02.1704;
    ∞ II. Hagen 03.12.1711
    Hengstenberg, Johann Dietrich, Bürgermeister, Handelsmann, * Hohenlimburg 02.03.1681, † ebd. 1740.

3.1 **Vorster**, Anna Maria, * Delstern 30.08.1699, † Kettwig 16.12.1777;
    ∞ Hagen 21.04.1720
    Scheidt, Albert Wilhelm, Tuchfabrikant, * Kettwig 1695, † ebd. 30.05.1760
3.2 **Vorster**, Anna Catharina, * Delstern 26.07.1701, † Neuenrade 14.05.1770;
    ∞ Hagen 25.08.1729
    Meister, Johann Heinrich, Pfarrer, * Schwerte 18.07.1703, † Neuenrade 12.04.1772.

---

49 Ehe laut ev.-ref. KB Schwerte.
50 STEINEN, 4. Teil, S. 288. Schörlingen (oder auch Schörlinck), eines der sechs freiadligen Güter, die in der Gemeinde Waltrop im Vest Recklinghausen lagen, gehörte nachweislich Ende des 14. Jahrhunderts den Herren von Brydach, dann 1559–1648, denen von Lipperheide, hierauf bis 1694 denen von Fridag, von da bis 1770 denen von Quadt von Landscron und schließlich der Familie von Bodelswing (vgl. Vestische Zeitschrift 3 [1893]), (http://www.familie-luyken.de /03Chronik/1924/1924chronikblatt.htm).
    Philipp von Lipperheide, zu Schörlingen, ca 1580–1634
    ∞
    Sybilla Margarethe von Westrem zu Gutacker, ca 1585
    1) Engel von Lipperheide, Erbin zu Schörlingen
       ∞ 1649
       Goswin Friedrich von Frydag, 1622–1659
       a) Franz Gisbert von Frydag, zu Schörlingen
          ∞ 1688
          Margarete Sibylle von Hauß
    (STEINEN, 4. Teil, S. 284, 288f.)
51 Einzelheiten zu den hier namentlich aufgeführten Personen siehe KUSS 2009, siehe auch CLAAS 1933; DOSSMANN 1987, S. 136. VORSTER 1929–1936.

4.1 **Meister**, Catharina Theodora, * Neuenrade 28.07.1737, † ebd. 07.05.1805;
∞ Neuenrade 20.12.1759
Kühne, Johannes, * Neuenrade 24.09.1730, † ebd. 05.12.1772.

5.1 **Kühne**, Johann Heinrich, * Neuenrade 02.02.1764;
∞ Hamm/Westfalen 25.10.1789
Hohdahl, Elisabeth Wilhelmine Maria, * Hamm/Westfalen 21.05.1771
(siehe unten Anhang 3: Nachkommen Vorster, Nr. 6.29).

4.2 **Meister**, Johanna Sophia Louise, * Neuenrade 19.02.1742, † ebd.
23.06.1769;
∞ Neuenrade 20.12.1759
Kühne, Franz Hermann, * Neuenrade 07.12.1732, † vor 1784.

5.2 **Kühne**, Johanna Catharina, * Neuenrade 07.04.1763, † [Hagen-]
Wehringhausen 01.02.1837;
∞ Hagen 23.02.1784
Post, Johann Diedrich, Fabrikant, Hammerwerksbesitzer, * Wehringhausen
24.05.1746, † ebd. 20.01.1815.

6.1 **Post**, Friedrich Wilhelm, Kommerzienrat, Fabrikant, * Wehringhausen
13.09.1798, † ebd. 27.02.1865;
∞ Hagen 20.10.1842
Vorster, Bertha Conradine Ottilie, * Coesfeld 16.08.1822, † Wehringhausen
25.03.1890 (siehe unten Anhang 3: Nachkommen Vorster, Nr. 7.16).

7.1 **Post**, Karl Johann Dietrich Wilhelm, Fabrikant, * Hagen 04.09.1852,
† ebd. 04.05.1896;
∞ Hagen 19.06.1881
Elbers, Auguste Amalie Alice, * Hagen 8.05.1862, † Düsseldorf 23.02.1932.

3.3 **Vorster**, Sybilla Catharina, * Delstern 08.11.1703;
∞[52]
Rhienfort / Rhenferd, Jakobus, Professor, Orientalist, * Mülheim am
Rhein 15.08.1654, † 07.11.1712.

2.2 **Engels**, Friedrich, Klingenschmied, * Eilpe 19.11.1683, † ebd. 31.05.1740;
∞ Hagen 28.11.1710

---

52 Nach heutigem Kenntnisstand ist es unwahrscheinlich, dass diese Ehe geschlossen wurde
(KUSS 2009).

Vorster, Anna Gertrud, * Delstern 21.06.1695, † Eilpe 26.12.1732, (siehe unten Anhang 3: Nachkommen Vorster, Nr. 3.13).

3.4 **Engels**, Jan Friedrich, * Hagen 08.02.1712.
3.5 **Engels**, Johann Diederich, * Hagen 17.11.1713.
3.6 **Engels**, Anna Maria Elsebeth, * Hagen 29.03.1716, † nach 1767;
 ∞ Schwerte 11.12.1735
 Rahlenbeck, Johann Friedrich Caspar Adam, Sergeant, * um 1700, † vor 1767.

4.3 **Rahlenbeck**, Johann Friedrich Wilhelm, * Schwerte 18.10.1736, † ebd. 16.01.1737.
4.4 **Rahlenbeck**, Isabella Maria Janna Christina, * Schwerte 23.02.1738, † ebd. 24.02.1738.
4.5 **Rahlenbeck**, Sophia Maria Amelia, * Hagen 15.11.1741.
4.6 **Rahlenbeck**, Friedrich, * Wesel 20.06.1744, † Hagen 10.09.1805;
 ∞ Hagen 26.06.1774
 Vorster, Maria Magdalena, * [Hagen-]Stennert 26.08.1747, † Hagen 03.03.1787, (siehe unten Anhang 3: Nachkommen Vorster, Nr. 5.8).

5.3 **Rahlenbeck**, NN (Mädchen), * Hagen 15.09.1775, † ebd. 1775.
5.4 **Rahlenbeck**, Johanna Elisabeta Friederika Carolina, * Hagen 24.04.1777.
5.5 **Rahlenbeck**, Friedrich Embert, * Hagen 20.10.1778.
5.6 **Rahlenbeck**, Gisbertina Helena Friderica Gerhardina, * Hagen 20.12.1780;
 ∞ Hagen 30.03.1800
 Schürmann, Johann Peter Caspar, Kaufmann und Tuchfabrikant, * um 1775.

6.2 **Schürmann**, Helene Friderice Henriette Wilhelmine, * Hagen 20.05.1801.
6.3 **Schürmann**, Laura Elisabeth, * Hagen 15.09.1811.

5.7 **Rahlenbeck**, Johann Caspar Diederich, * Hagen 13.05.1783.

3.7 **Engels**, Mathias, * Hagen 01.10.1718.
3.8 **Engels**, Johann Friedrich, Kaufmann, Mühle Stennert, * Eilpe 29.03.1721, † ebd. 22.04.1767;
 ∞ Hagen 18.03.1756
 Plettenberg, Christine / Maria Elisabeth, * Plettenberg 09.02.1721, † Stennert 03.10.1799; Witwe Johannes Vorster, (siehe unten Anhang 3: Nachkommen Vorster, Nr. 4.8).

4.7   **Engels**, Johanna Sophia Friederica, * Hagen 18.05.1759;
∞ Hagen 27.01.1782
Post, Johann Caspar, * Hagen 20.12.1752, † 1827.

5.8   **Post**, Georg Johann Friedrich, * Hagen 21.12.1782, † 1837;
∞ Hohenlimburg 10.07.1810
Helling, Louisa Wilhelmina Antoinetta, * Hohenlimburg 22.04.1790.

6.4   **Post**, Emilie Sophie Friederike, * Eilpe 21.05.1811, † Porta Westfalica
05.02.1896;
∞ Hagen 19.08.1834, o/o um 1850
Vorster, Eduard Wilhelm Hermann, Papierfabrikant, * Stennert 23.12.1800,
† Coesfeld 15.03.1853 (siehe unten Anhang 3: Nachkommen Vorster,
Nr. 6.25).

7.2   **Vorster**, Ernst David Friedrich, * Eilpe 25.08.1835, † ebd. 25.12.1835.
7.3   **Vorster**, Eduard Heinrich Ludwig, * Eilpe 05.10.1837, † Hamburg
10.09.1900.
7.4   **Vorster**, Johann Friedrich Adolf Wilhelm, * Eilpe 05.08.1839, † ebd.
05.01.1840.
7.5   **Vorster**, Auguste Clementine Eleonore, * Eilpe 20.10.1840, † Lippstadt
11.02.1886.
7.6   **Vorster**, Alfons, * Eilpe 24.01.1843, † Indianapolis 04.08.1878;
∞ 16.09.1872
Schürmann, Emma, * Indianapolis 03.04.1854.

8.1   **Vorster**, Annie, * Indianapolis 28.01.1874.

7.7   **Vorster**, Anna Charlotte, * Eilpe 08.04.1844, † Minden 02.01.1911.

5.9   **Post**, Emilius Johann, Kaufmann, * Hagen 13.04.1792;
∞
Schmit, Friderike, ...

6.5   **Post**, Gustav Carl Friedrich, Kaufmann, * Lippstadt 19.01.1816, † ebd.
14.07.1882;
∞ Lippstadt 19.01.1843
Vorster, Louise Anna Henriette Friederike Jacobine, * Coesfeld 22.04.1819,
† Hamburg 02.05.1888, (siehe unten Anhang 3: Nachkommen Vorster,
Nr. 7.15).

3.9   **Engels**, Catharina Margarethe, * Hagen 17.05.1723.
3.10 **Engels**, Gerdruth Liesebeth, * Hagen 29.01.1725.
3.11 **Engels**, Conrad Wilhelm, * Hagen 11.07.1727.
3.12 **Engels**, Henrich Wilhelm, * Eilpe 18.04.1729.
3.13 **Engels**, Eleonore Luise, * Eilpe 08.10.1731;
      ∞ Hagen 16.11.1750
      Halffmann, Johann Peter, Bürgermeister, ...

Anhang 3: Nachkommen Vorster[53]

1.   **Vorster**, Adolf, Papiermüller an der Mühle Broich, * Amt Steinbach um 1610, † Broich 03.01.1675;
      ∞ I. Mülheim an der Ruhr um 1651
      [aus Mülheim], Christine, * Mülheim an der Ruhr um 1630 † ebd. 18.11.1672;
      ∞ Mülheim an der Ruhr 17.03.1674
      aus dem Bieg, Catharina, ...

2.1   **Vorster**, Johannes, Papiermüller an der Mühle Broich, * Broich 1653, † ebd. 24.03.1708;
      ∞ Mülheim an der Ruhr 03.04.1677
      von dem Mühlhoff, Catharina, * Mülheim an der Ruhr um 1650, † ebd. 04.08.1725.

3.1   **Vorster**, Johannes, Papiermüller an der Mühle Broich, * Broich 27.02.1678, † ebd. 1730;
      ∞ Mülheim an der Ruhr 28.07.1701
      Heckhoff, Anna Maria, * Mülheim an der Ruhr 12.12.1683, † Broich 1753.

4.1   **Vorster**, Catharina, * Hattingen 31.10.1708, † Mülheim an der Ruhr 22.01.1774;
      ∞ Mülheim an der Ruhr 15.04.1731
      Neuhaus, Anton, Papiermacher, Fuselbrenner, † Mülheim an der Ruhr 31.07.1787.
4.2   **Vorster**, Hermann, Papiermüller an den Mühlen Broich und Beeck, * Mülheim an der Ruhr 18.01.1716, † ebd. 05.08.1773;
      ∞ I. Mülheim an der Ruhr 16.02.1744
      Zanders, Elisabetha, * Mülheim an der Ruhr 31.12.1717, † Broich

---

53 Einzelheiten zu den hier namentlich aufgeführten Personen siehe Kuss 2009, siehe auch Claas 1933; Dossmann 1987, S. 136; Vorster 1929–1936.

31.01.1752;

∞ II. Mülheim an der Ruhr 08.07.1754

Lucas, Anna Margarethe Cäcilie, * Ratingen 11.09.1732, † Broich 10.06.1803.

5.1   **Vorster**, Johannes, Papiermüller an der Mühle Beeck, * Broich 28.07.1746, † Beeck 17.06.1808;

∞ Mülheim an der Ruhr 05.04.1770

Krabbe, Wilhelmine Gertrud, * Mülheim an der Ruhr 11.09.1746, † Beeck 16.06.1812.

6.1   **Vorster**, Susanne Wilhelmine Margarethe, * Hamborn 13.04.1773;

∞ Hamborn 15.05.1799;

Heuser, Johann Friedrich Theodor, Kaufmann, * Ründeroth 27.12.1767, † Elberfeld.

6.2   **Vorster**, Johanna Henriette Cäcilie, * Hamborn 18.02.1775, † Gräfrath 22.01.1820;

∞ Hamborn 17.01.1809

de Foy, Johann Jacob, Municipaldirektor von Gräfrath, * Elberfeld 11.02.1761, † Gräfrath 19.07.1833.

6.3   **Vorster**, Johanna Wilhelmine Gisbertine, * Hamborn 20.02.1781;

∞ Hamborn 06.04.1802

Krimmelbein, Johann Heinrich Gottlieb, Kaufmann, * Elberfeld 17.04.1773; † ebd.

6.4   **Vorster**, Johann Mathias, Papiermüller an der Mühle Wittfeld, * Hamborn 25.03.1783, † Wittfeld 03.12.1827;

∞ Hamborn 23.10.1826

Wimmershof, Susanna Maria Helena Josepha, * Hardenberg 08.08.1783, † nach 1836.

6.5   **Vorster**, Johanna Margarethe Caroline, * Hamborn 09.05.1785, † ebd. 01.03.1820;

∞ Hamborn 11.02.1815

Daubenspeck, Friedrich Wilhelm, Bürgermeister von Homberg, * Odenkirchen 19.09.1790, † Homberg 21.08.1867; (er: oo II. unten Nr. 6.7).

6.6   **Vorster**, Carl Friedrich, Papiermüller an der Mühle Beeck, * Beeck 03.01.1788, † Marburg 25.11.1828;

∞ Ruhrort 26.09.1811

de Perrot, Charlotte Rose Francoise, * Potsdam 01.12.1787, † Marburg 28.02.1862.

6.7   **Vorster**, Susanne Elisabeth, * Hamborn 23.10.1790, † Homberg 20.04.1865;

∞ Hamborn 01.04.1821

Daubenspeck, Friedrich Wilhelm, Bürgermeister von Homberg, * Odenkirchen 19.09.1790, † Homberg 21.08.1867; (er: oo I. oben Nr. 6.5).

5.2 **Vorster**, Mathias Friedrich, Papiermüller an der Mühle Delstern, * Mülheim
an der Ruhr 31.01.1752, † ebd. 27.09.1823;
 ∞ Hagen 30.01.1782
Wülfing, Anna Theodora Gisbertine, * Hagen 17.11.1763, † Hamm/
Westfalen 1820.

6.8 **Vorster**, Giesbert Hermann Arnold Johann, * Delstern 09.06.1782.
6.9 **Vorster**, Cäcilie Helene Wilhelmine Johanna, * Delstern 08.02.1784;
 ∞ I. Barmen 11.10.1806
vom Berg, Johann Ludwig, Oberstleutnant, * 1751;
 ∞ II. Hamm/Westfalen 14.07.1821
von Rappard, Barthold Friedrich Wilhelm, Präsident OLG Hamm, * Kleve
20.11.1746, † 1833.
6.10 **Vorster**, Friederike Juliane Margarethe Caroline, * Delstern 02.03.1786.

5.3 **Vorster**, Anna Maria, * Mülheim an der Ruhr 29.10.1756;
 ∞ vor 1791
Lucas, ...
5.4 **Vorster**, Johann Hermann, Maire von Mülheim, Essigfabrikant, * Mülheim
an der Ruhr 13.10.1757; † ebd. 13.01.1832;
 ∞ Mülheim an der Ruhr 01.07.1790
Brinck, Elisabeth, * Mülheim an der Ruhr 15.03.1759, † ebd. 28.05.1826.

6.11 **Vorster**, Catharina Friederike Elisabeth, * Mülheim an der Ruhr 11.01.1797,
† ebd. 27.03.1858;
 ∞ Mülheim an der Ruhr 18.08.1831
Brinck, Heinrich Hermann, * Mönchengladbach 20.07.1792, † Mülheim
an der Ruhr 12.03.1870.

5.5 **Vorster**, Maria Agnes, * 26.03.1760.
5.6 **Vorster**, Friedrich Theodor, Papiermüller an den Mühlen Beeck, Broich,
Delstern, * Broich 21.02.1763, † ebd. 25.07.1843;
 ∞ Mülheim an der Ruhr 07.09.1796
Stockfisch, Anna Gertrud, * Mülheim an der Ruhr 08.03.1769, † Broich
13.08.1827.

6.12 **Vorster**, Margarethe Elisabeth Catharina, * Mülheim an der Ruhr 29.03.1799,
† ebd. 06.08.1855;
 ∞ Mülheim an der Ruhr 23.11.1820
Schultz, Eduard Wilhelm, Pfarrer, * 05.10.1796, † Mülheim an der Ruhr
17.11.1880.

7.1   **Schultz**, Lydia Maria Gertrud Henriette Philippine, * Mülheim an der Ruhr
       15.09.1837.

6.13   **Vorster**, Johann Hermann, Papiermüller an der Mühle Delstern, * Broich
       20.02.1801, † Hagen 23.04.1848;
       ∞ Hagen 17.12.1827
       Elbers, Amalie, * Hagen 27.05.1799, † ebd. 03.02.1845.
6.14   **Vorster**, Friedrich Wilhelm, Papiermüller an der Mühle Delstern, * Broich
       03.09.1802, † Mülheim an der Ruhr 15.07.1876;
       ∞ I. Mülheim an der Ruhr 16.05.1825
       Marcks, Julie Wilhelmine Caroline, * Mülheim an der Ruhr 19.12.1804,
       † ebd. 17.11.1830;
       ∞ II. Mülheim an der Ruhr 15.01.1833
       Coupienne, Catharina, * Mülheim an der Ruhr 15.05.1805, † ebd.
       23.07.1857.

7.2   **Vorster**, Kordelie Gertrud Johanne Friederika Katharina, * Broich
       01.01.1834;
       ∞ 18.09.1852
       Böninger, Carl Theodor, Tabakfabrikant, * Duisburg 19.07.1827, † Heidel-
       berg 09.08.1891.

6.15   **Vorster**, Johann Carl, Papiermüller an der Mühle Delstern, * Broich
       15.05.1804, † ebd. 20.05.1879;
       ∞ Mülheim an der Ruhr 29.09.1831
       von Eicken, Elise Emilie, * Mülheim an der Ruhr 18.09.1810, † Broich
       08.02.1894.

7.3   **Vorster**, Emilie, * Hamborn 08.09.1832 † Broich 18.09.1888;
       ∞ Mülheim an der Ruhr 03.07.1858
       Scholten, Hermann Ernst, * Werden 08.03.1814, † ebd. 25.04.1864.
7.4   **Vorster**, Hulda, * Hamborn 27.03.1834, † Mülheim an der Ruhr 22.04.1915;
       ∞ Mülheim an der Ruhr 19.09.1853
       Scholten, Alfred Albert, Kreisrichter, * Werden 21.09.1817, † Hagen
       31.05.1861.
7.5   **Vorster**, Carl, Papierfabrikant, * Hamborn 08.03.1835, † Düsseldorf
       17.12.1885;
       ∞ 25.09.1858
       Stinnes, Anna, * Mülheim an der Ruhr 01.09.1835, † Moers 03.08.1886.
7.6   **Vorster**, Adeline, * Hamborn 01.11.1836, † Haan 17.10.1913;
       ∞ Mülheim an der Ruhr 27.04.1858

Meininghaus, Johann Wilhelm, Kaufmann, * Duisburg-Neumühl 22.03.1835, † Broich 21.11.1892.

7.7 **Vorster**, Helene Catharina Bertha, * Broich 03.02.1841, † 09.05.1927; ∞ 20.09.1888
Itzenplitz, Max, Glasfabrikant, * Düsseldorf 19.05.1840, † Mülheim an der Ruhr 11.09.1906.

7.8 **Vorster**, Friedrich August Adalbert, Kaufmann, * Broich 25.01.1843, † Hagen 20.05.1904;
∞ Hagen 17.10.1872
Bechem, Anna, * Hagen 06.08.1849, † ebd. 13.01.1898.

7.9 **Vorster**, Hedwig Gertrud Henriette, * Broich 02.07.1845, † Delstern 23.01.1923;
∞ Mülheim an der Ruhr 19.05.1875
Steinwender, David Hermann Theodor, Papierfabrikant, * Paris 18.05.1843, † Delstern 01.03.1922.

7.10 **Vorster**, Gerhard Emil, Papierfabrikant, * 01.08.1846, † Broich 06.06.1889.

7.11 **Vorster**, Hermann Albert Julius, * Broich 28.06.1848, † Mülheim an der Ruhr 21.07.1901;
∞ Mülheim an der Ruhr 22.11.1873
Fischer, Adeline, * Köln 13.07.1851, † Münster 21.09.1939.

7.12 **Vorster**, Emil Johann Julius, Seidenfabrikant, * Broich 16.05.1851, † Rheydt 15.11.1913;
∞ 08.03.1882
Bang, Marie Wilhelmine Philippine, * Rheydt 23.02.1858, † ebd. 13.09.1934.

6.16 **Vorster**, Henriette Wilhelmine, * Mülheim an der Ruhr 17.11.1806, † Elberfeld 01.05.1846;
∞ Mülheim an der Ruhr 09.10.1827
Lucas, Eduard, * Elberfeld 23.06.1801, † Düsseldorf 07.04.1846.

7.13 **Lucas**, Eduard, * Elberfeld 20.08.1828, † Berlin 29.03.1904.

7.14 **Lucas**, Walter, * 07.11.1829, † Homburg v. d. H. 21.08.1879.

6.17 **Vorster**, Friederike Johanna Caroline, * Mülheim an der Ruhr 20.08.1808, † ebd. 21.10.1832;
∞ 27.09.1831
Meurs, Johann Carl, Gutsbesitzer, † Mülheim an der Ruhr 10.11.1879.

6.18 **Vorster**, Gustav Emil Eberhard, * Broich 04.02.1812, † ebd. 12.01.1879;
∞ Mülheim an der Ruhr 06.05.1841
von Eicken, Bertha Charlotte, * Mülheim an der Ruhr 04.08.1820, † Düsseldorf 24.11.1887.

5.7   **Vorster**, Anna Cäcilie Margarethe, * Broich 20.01.1768, † Düsseldorf
        02.06.1826;
        ∞ Lennep 26.05.1791
        Achenbach, Johann Wilhelm, Kaufmann, * Elberfeld 04.10.1768.

4.3   **Vorster**, Anna Maria, * Broich 15.12.1719, † Mülheim an der Ruhr
        21.11.1784;
        ∞ Mülheim an der Ruhr 19.03.1741
        Kaldenhoff, Georg, Kohlenhändler, * Mülheim an der Ruhr 23.10.1707,
        † ebd. 14.05.1785.

3.2   **Vorster**, Maria, * Broich 23.02.1681, † ebd. 07.03.1698.
3.3   **Vorster**, Georg, Papiermüller an der Mühle Werden, * Broich 30.05.1683,
        † Werden 31.07.1747;
        ∞ Mülheim an der Ruhr 10.08.1711
        Bleckmann, Christine Elisabeth, † Mülheim an der Ruhr 09.03.1784.

4.4   **Vorster**, Johann Carl, Papiermüller an der Mühle Werden, * Broich
        14.10.1712, † Werden 20.12.1788.
4.5   **Vorster**, Maria Catharina, * um 1714, † Werden 29.10.1785;
        ∞ I. vor 1750
        Lidmann, Johann, * um 1700, † 02.05.1751;
        ∞ II. Werden 07.11.1751
        Schierbaum, Johann Heinrich, * Werden 00.05.1725, † ebd. 28.01.1790.
4.6   **Vorster**, Anna Maria, * um 1716, † Werden 25.02.1773;
        ∞ Werden 30.04.1742
        Leers, Hermann, Bürgermeister, ...
4.7   **Vorster**, Susanna Gerdruth, * Werden 08.04.1731, † ebd. 05.05.1770;
        ∞ vor 1761
        Haus, Philipp, Chirurg, ...

3.4   **Vorster**, Maria Margarethe, * Broich 27.12.1687, † ebd. 1688.
3.5   **Vorster**, Mathias, * Broich 1689, † ebd. 25.05.1689.
3.6   **Vorster**, Catharina, * Broich 30.05.1691, † Hagen 22.03.1740;
        ∞ Hagen 29.12.1713
        Vorster, Adolf [siehe unten Nr. 3.11], Papiermüller an der Mühle Stennert,
        * Langenberg 15.03.1690, † Hagen 06.10.1748.

4.8   **Vorster**, Johannes, Papiermüller an der Mühle Stennert, * Stennert
        13.04.1716, † ebd. 24.06.1754;

∞ Hagen 08.08.1745

Plettenberg, Christine / Maria Elisabeth, * Plettenberg 09.02.1721, † Stennert 03.10.1799; sie: ∞ II. Hagen 18.03.1756 Johann Friedrich Engels, (siehe oben Anhang 2: Nachkommen Engels, Nr. 3.8).

5.8   **Vorster**, Maria Magdalena, * Stennert 26.08.1747, † Hagen 03.03.1787; ∞ Hagen 26.06.1774

Rahlenbeck, Friedrich, * Wesel 20.06.1744, † Hagen 10.09.1805, (siehe oben Anhang 2: Nachkommen Engels, Nr. 4.6, dort auch die weiteren Nachkommen Rahlenbeck).

5.9   **Vorster**, Andreas David, Papiermüller an der Mühle Stennert, * Stennert 16.10.1750, † ebd. 07.03.1830;
∞ [Hagen-Wehringhausen] 31.01.1782

Post, Henriette Anna Margarethe * Wehringhausen 20.01.1762, † Stennert 15.11.1834.

6.19   **Vorster**, Johanna Christine Amalia, * Stennert 29.02.1784, † Gummersbach 21.06.1858;
∞ Kleve 16.02.1802

Pütter, Johann Conrad, Kaufmann, * Gummersbach 23.12.1768, † ebd. 10.01.1852.

6.20   **Vorster**, Friedrich Johann Conrad, Papierfabrikant, * Stennert 17.11.1785, † ebd. 11.02.1861;
∞ Coesfeld 1818

Gempt, Henriette Anna Odilia, * Rheinberg 21.12.1798 † Stennert 24.01.1860.

7.15   **Vorster**, Louise Anna Henriette Friederike Jacobine, * Coesfeld 22.04.1819, † Hamburg 02.05.1888;
∞ Lippstadt 19.01.1843

Post, Gustav Carl Friedrich, Kaufmann, * Lippstadt 19.01.1816, † ebd. 14.07.1882, (siehe oben Anhang 2: Nachkommen Engels, Nr. 6.5).

7.16   **Vorster**, Bertha Conradine Ottilie, * Coesfeld 16.08.1822 † Wehringhausen 25.03.1890;
∞ Hagen 20.10.1842

Post, Friedrich Wilhelm, Kommerzienrat, Fabrikant, * Wehringhausen 13.09.1798, † ebd. 27.02.1865, (siehe oben Anhang 2: Nachkommen Engels, Nr. 6.1; dort auch weitere Nachkommen).

6.21   **Vorster**, Christian David, Bürgermeister in Altenhagen, * Stennert 23.12.1789, † Hagen 01.09.1856.

6.22   **Vorster**, Mariana Henrietta, * Stennert 19.08.1791, † Hohenlimburg ...;

∞ 05.04.1809
Böing, Johann Hermann Friedrich, Kaufmann, Bürgermeister, * Hohenlimburg 15.02.1775.

7.17 **Böing**, Bertha Luise Henriette, * Hohenlimburg 07.09.1812, † Burgsteinfurt 24.02.1895;
∞ 1850
Vorster, Ludwig Johann Wilhelm [siehe unten, Nr. 6.24], Papierfabrikant, * Stennert 23.02.1799, † Burgsteinfurt 24.04.1866.

8.1 **Vorster**, Henriette Caroline Christine, * Coesfeld 11.12.1851, † Burgsteinfurt 07.03.1935.

7.18 **Böing**, NN (Tochter), * 1814, † 1890;
∞ ...
Schulte, Hermann, * 1815, † 1893.

6.23 **Vorster**, Helene Eleonore, * Stennert 24.09.1794, † Köln 11.05.1864;
∞ Coesfeld 12.08.1816
Kehrmann, Arnold Wilhelm, Kammergerichtspräsident, * Koblenz 20.05.1790, † 14.03.1854.

6.24 **Vorster**, Ludwig Johann Wilhelm, Papierfabrikant, * Stennert 23.02.1799, † Burgsteinfurt 24.04.1866;
∞ 1850
Böing, Bertha Luise Henriette, * Hohenlimburg 07.09.1812, † Burgsteinfurt 24.02.1895, (siehe oben Nr. 7.17, dort auch die weiteren Nachkommen).

6.25 **Vorster**, Eduard Wilhelm Hermann, Papierfabrikant, * Stennert 23.12.1800, † Coesfeld 15.03.1853;
∞ Hagen 19.08.1834, o/o um 1850
Post, Emilie Sophie Friederike, * Eilpe 21.05.1811, † Porta Westfalica 05.02.1896, (siehe oben Anhang 2: Nachkommen Engels, Nr. 6.4; dort auch die weiteren Nachkommen).

5.10 **Vorster**, Theodor Friedrich, Landrichter, * Stennert 04.04.1753, † Schwelm 24.07.1821;
∞ Iserlohn 12.11.1787
Hösterey, Wilhelmine, * Iserlohn 28.04.1762.

6.26 **Voerster**, Gustav, Hauptmann, * Schwelm 30.05.1790, † Haus Hove in Wetter/Ruhr 30.12.1865

∞ 22.03.1829
von Schwachenberg, Henriette Amalie Friederike Caroline Wilhelmine,
* Haus Hove in Wetter/Ruhr 09.12.1792, † Bonn 18.12.1845

4.9 **Vorster**, Maria Magdalena, * Stennert 11.02.1720;
∞ Hagen 05.11.1741
Nierhaus, Johannes [siehe unten Nr. 4.25], Kaufmann und Papiermacher
in Kemnade, * Hattingen 27.02.1713.

5.11 **Nierhaus**, Johann Peter, * Hattingen 17.06.1755.

4.10 **Vorster**, Eleonore, * Hagen 22.04.1729, † ebd. 18.12.1785;
∞ Hagen 29.10.1747
Haberkorn, Johann Georg Andreas, Kammerdiener und Kornschreiber,
† Rheda 17.10.1765.

5.12 **Haberkorn**, Luise Sophia, * Hohenlimburg 07.08.1752, † ebd. 17.07.1791;
∞ Hohenlimburg 01.04.1787
Overhof, Johann Stephan Friedrich, * Hohenlimburg 24.03.1743, † ebd.
16.01.1816.

6.27 **Overhoff**, Luise Guisbertine Aemilia, * Hohenlimburg 20.06.1788,
† Dinslaken 19.03.1830;
∞ Dinslaken 23.11.1814
Böing, Johann Wilhelm, Dr. med., Kreisphysikus, * Hohenlimburg
17.03.1777, † Dinslaken 29.05.1839.

3.7 **Vorster**, Christine Gertraud, * Broich 01.09.1694, † ebd. 20.06.1717;
∞ Mülheim an der Ruhr 20.06.1712
Bleckmann, Philipp, * Mülheim an der Ruhr 06.09.1686.
3. 8 **Vorster**, Mathias, * Broich 25.05.1699.

2.2 **Vorster**, Mathias, Papiermüller an der Mühle Delstern, * Mülheim an der
Ruhr 20.01.1659, † Delstern 29.02.1704;
∞ I. Mülheim an der Ruhr 03.10.1685
Mühlhoff, Elisabeth, * Mülheim an der Ruhr 09.05.1659, † Delstern
11.11.1696;
∞ II. Delstern 28.11.1698
Engels, Anna Christina Catharina, * Solingen um 1680, (siehe oben Anhang

2: Nachkommen Engels, Nr. 2.1, dort auch die weiteren Nachkommen aus dieser Ehe).

3.9 **Vorster**, Johannes, Papiermüller an der Mühle Delstern, * Langenberg 24.05.1686 † Delstern 09.01.1746;
∞ Wellinghofen 25.07.1711
Senger, Anna Christine, * Hamm/Westfalen 15.11.1688, † Delstern 30.12.1732.

4.11 **Vorster**, Antoinette, * Delstern 26.02.1713, † Mülheim an der Ruhr 11.09.1784;
∞ I. Ratingen 23.01.1731
Neuhaus, Theodor Wilhelm, Pfarrer, * Reck bei Kamen um 1700, † Ratingen 29.08.1738;
∞ II. Mülheim an der Ruhr 10.11.1748
Scheidtmann, Erich, * Mülheim an der Ruhr 15.10.1719, † ebd. 17.12.1805.

5.13 **Neuhaus**, Anna Maria Christina, ~ 03.03.1732, † 04.06.1805.
5.14 **Scheidtmann**, Mathias, * Mülheim an der Ruhr 14.09.1749;
∞ Duisburg 31.05.1778
Böninger, Anna Katharina, * Duisburg 14.05.1753, † Moers 02.08.1818.

6.28 **Scheidtmann**, Johann Erich, * Moers 23.03.1789;
∞ Mülheim an der Ruhr 10.10.1810
Troost, Charlotte Jakobine, * Duisburg 17.09.1790.

4.12 **Vorster**, Elsebeth, * Delstern 14.05.1714, † Hamm/Westfalen 04.07.1771;
∞ Hagen 14.01.1738
Unkenboldt, Johann Henrich, * Hamm 15.01.1708, † ebd. 28.01.1777.

5.15 **Unkenboldt**, Sara, * Hamm 17.04.1749, † Wattenscheid 18.11.1800;
∞ Hamm 28.10.1770
Hohdahl, Johann Heinrich, Pfarrer, * Wülfrath 10.01.1733, † Wattenscheid 18.11.1800.

6.29 **Hohdahl**, Elisabeth Wilhelmine Maria, * Hamm 21.05.1771;
∞ Hamm 25.10.1789
Kühne, Johann Heinrich, * Neuenrade 02.02.1764, (siehe oben Anhang 2: Nachkommen Engels, Nr. 5.1).

4.13 **Vorster**, Johannes, Papiermüller an der Mühle Delstern, * Delstern

28.05.1716, † ebd. 27.03.1760;
∞ Hagen 25.09.1740
Unkenboldt, Maria Hendrina Jacobine, * Hamm 1715, † Delstern 18.08.1794.

5.16 **Vorster**, Johannes, Soldat, * Delstern 06.02.1743, † 1776.
5.17 **Vorster**, Marie Christine, * Hagen 25.09.1744, † [Hemer-]Westigerbach 26.06.1823.
5.18 **Vorster**, Antoinette Sophie Hendrina, * Hagen 05.12.1745, † Hamm 1771;
∞ Hamm 17.11.1762
Unckenbolt, Eberhard Johann, Notar, * Hamm 30.04.1718, † ebd. 22.03.1792

6.30 **Unckenbolt**, Gerhard Hermann, Gastwirt im Dohm, * Hamm 19.08.1766, † ebd. 30.04.1798
∞ 27.03.1788
Buschmann, Christiane Wilhelmina, * Lippstadt ...

5.19 **Vorster**, Mathias, Papiermeister an der Mühle Spechthausen, * Delstern 20.07.1750, † Spechthausen 29.09.1799;
∞ Hagen 11.10.1772
Kühne, Catharina Margaretha, * [Hemer-]Sundwig 03.04.1750.

4.14 **Vorster**, Friedrich, 2. Bürgermeister in Hamm, * Delstern 24.12.1717, † Hamm 17.12.1805;
∞ Hamm 14.12.1751
Carp, Anna Christina, * Hamm 22.02.1727, † ebd. 24.02.1782.

5.20 **Vorster**, Wilhelm, Landessyndikus Hamm, * Hamm 10.09.1752, † ebd. 13.09.1843.
5.21 **Vorster**, Friedrich, Sekretär der Kriegs- und Domänenkammer, * Hamm 29.11.1753, † 20.02.1816;
∞ Hamm 21.03.1790
Kortmann, Catharina Theodora Helena, * Hamm 09.04.1750, † ebd. 09.02.1827.
5.22 **Vorster**, Christine Margarethe, * Hamm 22.05.1756, † ebd. 02.06.1837.
5.23 **Vorster**, Johannes, Landrentmeister Hamm, * Hamm 18.11.1758, † Bonn 14.05.1852;
∞ Kamen 24.09.1789
Proebsting, Anna Maria Eleonore, * Kamen 24.09.1771, † Köln 16.11.1826.

6.31　**Vorster**, Wilhelmine Friederike, * Hamm 19.04.1790, † Arnsberg 29.04.1856;
　　　∞ Herringen 26.05.1813
　　　von der Marck, Johann Heinrich, Domänenrentmeister, * Hamm 29.04.1788,
　　　† Arnsberg 06.01.1850.

7.19　**von der Marck**, Wilhelmine Helene Laura, * Arnsberg 27.07.1814;
　　　∞ Arnsberg 12.10.1834
　　　Ritter, August Leopold, Buchhändler, * Halle (Saale) 18.01.1807, † Arnsberg
　　　04.03.1884.
7.20　**von der Marck**, Hermann, * Arnsberg 16.12.1815, † ebd. 17.06.1834.
7.21　**von der Marck**, Adolf, * Arnsberg 03.03.1818, † ebd. 28.06.1835.
7.22　**von der Marck**, Johanna Wilhelmine, * Arnsberg 04.12.1820, † Berlin
　　　14.02.1888;
　　　∞ Arnsberg 06.01.1844
　　　Liebrecht, Friedrich Wilhelm, Geh. Finanzrat, * Schwelm 16.07.1814,
　　　† Berlin 29.12.1876.
7.23　**von der Marck**, Mathilde Antonie Sophie, * Arnsberg 25.08.1822.
7.24　**von der Marck**, Otto, Regierungsassessor, * Arnsberg 24.12.1824,
　　　† Warburg 08.12.1854;
　　　∞ Arnsberg 26.07.1853
　　　Hoegg, Amalie, * Köln 11.03.1828, † 10.01.1890.

6.32　**Vorster**, Ludwig Heinrich Wilhelm, * Hamm 24.09.1792, † Mark 03.04.1870;
　　　∞ Soest 06.11.1821
　　　Wedeking, Elise, * Soest 26.09.1798, † Mark 26.12.1879.

7.25　**Vorster**, Wilhelm Matthias Johann, * Mark 07.08.1822, † Gut Kentrop
　　　17.06.1880;
　　　∞ Mark 21.09.1873
　　　Pilgrim, Christine Julie Ottilie, * Unna 26.07.1848.

6.33　**Vorster**, Friedrich Christian, * Hamm 18.09.1794, ⚔ 1812.
6.34　**Vorster**, Henriette Luise Friederike Christine, * Hamm 10.02.1797, † Bonn
　　　28.01.1864;
　　　∞ Köln 11.10.1820
　　　Krafft, Johann Gottlob, Konsistorialrat, Superintendent, Pfarrer, * Duisburg
　　　17.10.1789, † Köln 05.07.1838.
6.35　**Vorster**, Ernst Julius Christian, * Hamm 08.09.1799, † ebd. 15.12.1799.
6.36　**Vorster**, Elise Theodore Mathilde, * Hamm 02.01.1802, † Arnsberg
　　　28.04.1845;
　　　∞ Arnsberg 09.08.1821

Liebrecht, Dietrich Heinrich Ludwig, Gutsbesitzer, * Schwelm 17.08.1772, † Arnsberg 17.11.1857.

7.26 **Liebrecht**, Louise, * Arnsberg 09.09.1840, † Essen 17.01.1906;
∞ Arnsberg 12.10.1861
von Pilgrim, Friedrich Heinrich Theodor August, Oberst, * Meschede 24.07.1823, † Münster 18.04.1891.

8.2 **von Pilgrim**, Friedrich Wilhelm Friedhelm, Oberst, * Münster 30.07.1862;
∞ 27.9.1888
Hammacher, Julia, * Dortmund 13.08.1863, † Achern i. B. 07.12.1918.

9.1 **von Pilgrim**, Max Karl Walter, Dipl.-Ing., * Weißenburg 08.05.1900, † München 30.11.1984;
∞ 02.05.1927
Conze, Hedwig, * Posen 04.06.1899, † München 08.10.1994.

6.37 **Vorster**, Johann Wilhelm Leonhard, Pfarrer, Superintendent, * Hamm 15.04.1804, † [Gelsenkirchen-]Schalke 20.07.1887;
∞ I. Herringen 22.09.1830
von der Kuhlen, Caroline Wilhelmine Eleonore, * Herringen 16.05.1807, † Solingen 30.08.1860;
∞ II. 16.09.1866
Böker, Wilhelmine, * Solingen 24.01.1820, † Bonn 21.05.1887.

7.27 **Vorster**, Johanna Maria Friederike, * Solingen 09.08.1831, † Stettin 11.07.1918;
∞ Solingen 22.05.1856
am Ende, Alwin Gotthelf, Pfarrer, * Wittenberg 08.10.1820, † Kirchscheidungen 08.08.1888.

8.3 **am Ende**, Wilhelm Theodor, * Sobernheim 11.05.1863, † 1895.
8.4 **am Ende**, Ludwig Ernst Johannes Hans, Worpsweder Maler, * Trier 31.12.1864, † Stettin 09.07.1918;
∞ 24.02.1897
Willatzen, Magda, * Bremen 28.09.1867, † Worpswede 04.05.1945.
8.5 **am Ende**, Elisabeth, * Trier 29.07.1867, † ebd. 10.08.1867.
8.6 **am Ende**, Helene Elisabeth, * Trier 23.10.1869, † Kirchscheidungen 03.08.1883.

7.28 **Vorster**, Jacobine Wilhelmine Luise, * Solingen 14.11.1833;

∞ Solingen 22.05.1861

Friedrich, Hermann Louis, * Hanstedt 19.04.1822, † Blender 09.03.1880.

7.29 **Vorster**, Julius Theodor Wilhelm, Dr. phil., Chemiker, * Solingen 19.05.1838,
† Magdeburg 24.12.1934;
∞ Remscheid 16.09.1868
Hilger, Clara Maria Susanne, * [Remscheid-]Ehringhausen 08.06.1848,
† Magdeburg 20.03.1937.

7.30 **Vorster**, Friedrich Wilhelm, Pfarrer, Kreis-Schulinspektor, * Solingen
28.09.1841, † Bielefeld 19.08.1913;
∞ Rheda 10.07.1878
Lüning, Ida, * Frankfurt am Main 12.09.1849, † Bielefeld 10.07.1922.

7.31 **Vorster**, Johannes Karl, Pfarrer, * 21.12.1845, † Halle (Saale) 25.04.1937;
∞ Rheydt 28.05.1885
Hermann, Agnes, * Rheydt 26.09.1858, † Halle (Saale) 21.11.1937.

6.38 **Vorster**, Karl Theodor, Kaufmann, * Hamm 10.07.1806, † Köln 23.07.1874
∞ 1833
Gippert, Auguste, * Berlin 11.12.1804, † Köln 26.05.1876.

6.39 **Vorster**, Julius Friedrich, Kaufmann, Fabrikant, * Hamm 29.04.1809,
† Köln 10.10.1876;
∞ Barmen 18.03.1844
Röhrig, Anna Wilhelmine, * Barmen 18.03.1818, † Bonn 07.12.1883.

6.40 **Vorster**, Henriette, * Hamm 14.07.1812, † ebd. 16.04.1813.

5.24 **Vorster**, Christina Friederika, * Hamm 31.05.1764, † ebd. 12.02.1838;
∞ 02.05.1784
Laar, Henrich Wilhelm, Justiz-Commissarius in Hamm, * Lippstadt
09.06.1757, † Norddinker 29.11.1789.

6.41 **Laar**, Katharina Friederika, * Hamm 23.12.1785.
6.42 **Laar**, Christina Dorothea, * Hamm 14.03.1789.

4.15 **Vorster**, Anna Christina, * Delstern 25.04.1720, † Hagen 11.08.1803;
∞ Hagen 16.07.1741
Halfmann, Johann Wilhelm, Pfarrer, * Elberfeld 04.05.1710, † Hagen
09.12.1773.

5.25 **Halfmann**, Marie Christine, * Hagen 07.10.1744, † ebd. 16.12.1774;
∞ 1764
Undereick, Theodor, * Hamm 13.03.1730, † 18.01.1791; (er: ∞ II. um

1777 Nr. 5.28).

5.26 **Halfmann**, Heinrich Wilhelm, * Hagen 24.07.1747, † ebd. 30.01.1824.

5.27 **Halfmann**, Johann Wilhelm, Postmeister, * Hagen 05.02.1753, † ebd. 11.01.1795

5.28 **Halfmann**, Anna, * Hagen 1754, † ebd. 09.01.1794;
∞ um 1777
Undereick, Theodor, * Hamm 13.03.1730, † 18.01.1791; (er: ∞ I. 1764 Nr. 5.25).

4.16 **Vorster**, Mathias, Kauf- und Handelsmann, * Delstern 24.01.1723, † Hagen 21.12.1802;
∞ I. Hagen 05.11.1751
Böhme, Gertrud Christine Margarethe, * Hagen 04.12.1726, † ebd. um 1778;
∞ II. Delstern 10.06.1779
Höinghaus, Christine Margarethe, * Hagen 05.11.1748, † ebd. 18.06.1813.

4.17 **Vorster**, Conrad, * Delstern 30.08.1724, † ebd. 08.01.1769.

4.18 **Vorster**, Dietrich Anton, Kaufmann, * Delstern 24.09.1727, † Rotterdam 14.01.1754;
∞ Mülheim an der Ruhr 12.07.1750
Kaldenhofen, Christine, * Mülheim an der Ruhr 06.03.1729, † ebd. 08.12.1805.

4.19 **Vorster**, Jacob, Kaufmann, * Delstern 21.03.1731, † Rotterdam 25.01.1768.

3.10 **Vorster**, Dietrich, Papiermüller an der Mühle Stennert, * Langenberg 15.01.1688, † Mülheim an der Ruhr 23.03.1740;
∞ I. Hagen 30.06.1715
Schöler, Anna Maria, * Mülheim an der Ruhr 02.07.1696, † Stennert 1729;
∞ II. Ratingen 04.06.1730
Neuhaus, Maria Elisabeth, * Kamen um 1690.

3.11 **Vorster**, Adolf, Papiermüller an der Mühle Stennert, * Langenberg 15.03.1690, † Hagen 06.10.1748;
∞ Hagen 29.12.1713
Vorster, Catharina, * Broich 30.05.1691, † Hagen 22.03.1740, (siehe oben Nr. 3.6, dort auch die weiteren Nachkommen).

3.12 **Vorster**, Elsebeth, * Langenberg 23.02.1692;
∞ Hagen 21.07.1715
Wurm, Peter, Klingenschmied, ...

3.13 **Vorster**, Anna Gertrud, * Delstern 21.06.1695, † Eilpe 26.12.1732;
∞ Hagen 28.11.1710

Engels, Friedrich, Klingenschmied, * Eilpe 19.11.1683, † ebd. 31.05.1740, (siehe oben Anhang 2: Nachkommen Engels Nr. 2.2, dort auch die weiteren Nachkommen).

3.14 **Vorster**, Christine, * Delstern 12.11.1696;
∞ 31.05.1722
Unkenboldt, Conrad Wilhelm, Tuchhändler, * Hamm um 1685.

2.3 **Vorster**, Marie, * Mülheim an der Ruhr 00.11.1661, † ebd. 16.09.1699;
∞ Mülheim an der Ruhr 17.03.1677
Jordans, Jordan, Kornmüller an der Kahlenbergmühle, ...

3.18 **Jordans**, Catharina, * Mülheim an der Ruhr 19.11.1690, † Delstern 30.08.1767;
∞ Hagen 14.02.1713
Schulte, Johann Peter, Papiermacher in Delstern, * 1670, † 1748.

4.20 **Schulte**, Johann, Papiermacher in Delstern, * Delstern 26.05.1715, † ebd. 10.02.1762;
∞ Hagen 10.10.1749
Baumeister, Maria Sibylle, * Eilpe 25.01.1727, † Delstern 23.01.1804.

5.29 **Schulte**, Johann Henrich, Papiermeister, * Delstern 20.12.1750, † Oberhemer 15.06.1819;
∞ Hagen 07.08.1774
Sonderhoff, Catharina Elisabeth, * Delstern 26.12.1754, † 1805.

6.43 **Schulte**, Friedrich, * 1774, † 1832;
∞ 1802
Asbeck, Elisabeth, * 1778, † 1862.

7.32 **Schulte**, Friedrich, * 1802, † 1872;
∞ Hemer-Westig 1827
Stindt, Wilhelmine, * 1802, † 1868.

8.7 **Schulte**, Julius, * 1831, † 1888;
∞ 1860
Breidbach, Auguste, * 1836, † 1919.

9.2 **Schulte**, Emil, * 1861, † 1947;
∞ 1889
Struwe, Lucie, * 1867, † 1939.

10.1   **Schulte**, Alfred, Dipl.-Kfm., Papierhistoriker, * Düsseldorf 03.05.1900,
⚔ Russland 02.04.1944;
∞ Düsseldorf 01.06.1933
Meese, Toni, * 10.12.1900, † 31.07.1978.

9.3   **Schulte**, Mathilde, * 1866, † 1948;
∞ 1893
Pothmann, Heinrich, * 1858, † 1938.

6.44   **Schulte**, Johann Friedrich, Papiermeister, * 10.01.1792;
∞ Hamm 30.05.1816
Asbeck, Anna Hermine, * Hamm 20.12.1782.

2.4   **Vorster**, Christine, * Mülheim an der Ruhr 14.11.1664;
∞ Mülheim an der Ruhr 08.02.1686
Heckhoff, Peter, * Mülheim an der Ruhr 09.03.1660.
2.5   **Vorster**, Anna Sophie, * Mülheim an der Ruhr 09.05.1666.
2.6   **Vorster**, Gertraud, * Mülheim an der Ruhr 06.11.1668.
2.7   **Vorster**, Hermann, Papiermüller/-händler in Wesel, * Mülheim an der
Ruhr 28.11.1670, † Wesel 23.01.1740;
∞ I. Arnheim 21.05.1692
von Amerongen, Gertrud, * Amerongen 1667, † Wesel 20.08.1728;
∞ II. 09.10.1729
Vergeel, Aletta, * Kleve 30.03.1681, † Wesel 04.04.1768.

3.19   **Vorster**, Anton, * Wesel 26.11.1703, † ebd. 13.11.1733.
3.20   **Vorster**, Hermann, * 1704.
3.21   **Vorster**, Adolph, Papierhändler in Wesel, * Wesel 01.02.1706, † ebd.
07.03.1741;
∞ Wesel 13.08.1730
Collers, Margarethe Elisabeth, * Horn-Bad Meinberg 04.04.1704, † Wesel
21.10.1737.

4.21   **Vorster**, Hermann, * Wesel 18.06.1731.
4.22   **Vorster**, Anton, * Wesel 12.10.1732, † ebd. 11.06.1738.
4.23   **Vorster**, Magdalena Gertrud, * Wesel 24.12.1734.
4.24   **Vorster**, Aletta Christine, * Wesel 03.10.1736, † ebd. 14.11.1736.

3.22   **Vorster**, Johannes, * Wesel 25.08.1709, † ebd. 11.01.1735.
3.23   **Vorster**, Magdalena Gertrud, * Wesel 24.12.1734, † Lippstadt 14.09.1804;
∞ 19.06.1760

Buschmann, Johann Konrad, * Lippstadt 25.04.1738, † ebd. 01.04.1818.

2.8 **Vorster**, Anna Catharina, * Mülheim an der Ruhr 18.11.1672;
∞ Mülheim an der Ruhr 04.10.1694
Langenbach, Johannes, Papiermüller an der Mühle Westigerbach,
* Niederhemer 1664, † Westigerbach 10.11.1719.

2.9 **Vorster**, Margarethe, * Mülheim an der Ruhr um 1651;
∞ Mülheim an der Ruhr 09.11.1671
Nierhausen, Peter, * Mülheim an der Ruhr um 1650.

3.24 **Nierhaus**, Peter, Papiermeister in Kemnade, † 08.05.1743;
∞ Herbede 01.08.1712
Ruter (Rauter), Clara Catharina, ...

4.25 **Nierhaus**, Johannes, Kaufmann und Papiermacher in Kemnade, * Hattingen
27.02.1713;
∞ Hagen 05.11.1741
Vorster, Maria Magdalena, * Stennert 11.02.1720, (siehe oben Nr. 4.9,
dort auch die weiteren Nachkommen).

4.26 **Nierhaus**, Anna Maria, * Hattingen 01.07.1714.

4.27 **Nierhaus**, Johann Hendrich, * Hattingen 31.01.1719.

4.28 **Nierhaus**, Anna Catharina, * 1721.

2.13 **Vorster**, Elisabeth, * Broich 20.05.1675 (posthum);
∞ Mülheim an der Ruhr 26.11.1698
Wolf, Peter, * Wolfskotten 21.08.1667.

‚Flotter Otto' oder ein Durchschläger

von Hans Dieter Balzer

„Dä Balzer, dä sit van Rüggebiärge, dä hadden do nen Kuotten un ne Schmiette!"
So hieß es als ich seinerzeit mit meiner Familienforschung begann. Von meine
Großmutter Agnes Bremer bekam ich diese Geschichte, sie wiederum hatte sie
von ihrer Mutter Anna Lina Bremer geb. Hesterberg.

Da gab es die zwei Jugendfreunde Richard und Robert, die zusammen mit
dem Nachbarskind Adele in einer Dorfbauernschaft aufwuchsen. Die jahrelange
Freundschaft begann zu bröckeln, als man sich in Adele verliebte. Adele war die

Tochter des wohl größten Landwirtes des Dorfes, Richard und Robert stammten von wesentlich kleineren Höfen.

Eifersüchtig belauerten sich die beiden, schließlich wurde aus Freundschaft Hass! Adele war zu beiden immer gleich freundlich und machte keinem irgendeine Hoffilung. Sie hatte allerdings bereits ein oder auch schon beide Augen auf einen Burschen geworfen, dessen Eltern ein Hammerwerk mit Schmiede betrieben.

Als sich nun herausstellte, dass der junge Schmied und Adele versprochen waren und eine Heirat anstand, kamen die Freunde wieder zusammen und planten der „untreuen" Adele die Suppe buchstäblich zu versalzen.

Sie fragten meinen Ahn, der als Bauer, Schmied und Jäger tätig war, nach einer Fuchsleber. So eine Fuchsleber, getrocknet und zu Pulver zerrieben, wirkt als Abführmittel im Vergleich zu Rizinusöl wie eine Granate zu einer Luftgewehrkugel!

Durch eine Küchenhilfe wurde das Pulver einer Suppe beigemengt. Da die Eltern der Brautleute etwas auf sich hielten, wurde eine große Hochzeit ausgerichtet, die Scheune war festlicht ausgeschmückt. Nachdem die Suppe gereicht war, wurde bereits der Pfarrer unruhig auf seinem Platz, plötzlich hielt es ihn nicht mehr und er rannte zu dem Häuschen mit dem Herzchen in der Tür.

Von nun an ging es Schlag auf Schlag, die Mutter der Braut schaffte es nicht mehr bis zur Tür, es war ein Bild für die Götter, es wurde geheult, geschrien und geflucht. Malerisch saß man am und auf dem Misthaufen, nahezu jede freie Stelle auf dem Hof war besetzt. Es gab knallige Explosionen, wobei nur wenige die Hosen noch herunter bekamen.

An den nächsten Tagen war ersichtlich, wer alles an dem „Festmahl" teilgenommen hatte. An vielen Häusern war geflaggt, alle Wäscheleinen waren bunt behangen.

Die Zeit heilt Wunden, es war schon etwas Gras über die Biesterei gewachsen. Hätten Richard und Robert nur die Klappe gehalten, aber so ist es nun einmal, bei einer Feier wurde renommiert und angegeben, was sind wir nur für Kerle. Die Brauteltern waren erbost und erstatteten nun Anzeige, schon deshalb, weil man immer noch vom flotten Otto bzw. der Durchfallhochzeit sprach. Die beiden Missetäter wurden vorgeladen, hier fragte man natürlich woher die Leber stamme. Also wurde mein Ahn ebenfalls vorgeladen. Ich denke mal, es ist am Amtsgericht selten so lustig zugegangen.

„Was sagen Sie zu dem Vorfall?", wurde mein Ahn gefragt. „Sie haben den beiden die Fuchsleber ausgehändigt, welche Verwendung sollte sie den haben?"

„Ich habe geglaubt, die wollen sie essen! ‚Sauerei, Mistige', habe ich gesagt. Ihre Sauen wären krank und mit dem Fuchsmittel wolle man deren Krämpfe lindern", so erklärte mein Ahn.

„Somit haben Sie nichts von dem Anschlag gewusst," meinte der Richter.

„Nein und abermals nein, Herr Richter, meine Frau und ich wir waren ja ebenfalls unter den Hochzeitsgästen."

Nun brachen selbst die Vorsitzenden in ein brüllendes Gelächter aus.

Historische Karte des Rheins

mitgeteilt von Jos Kaldenbach

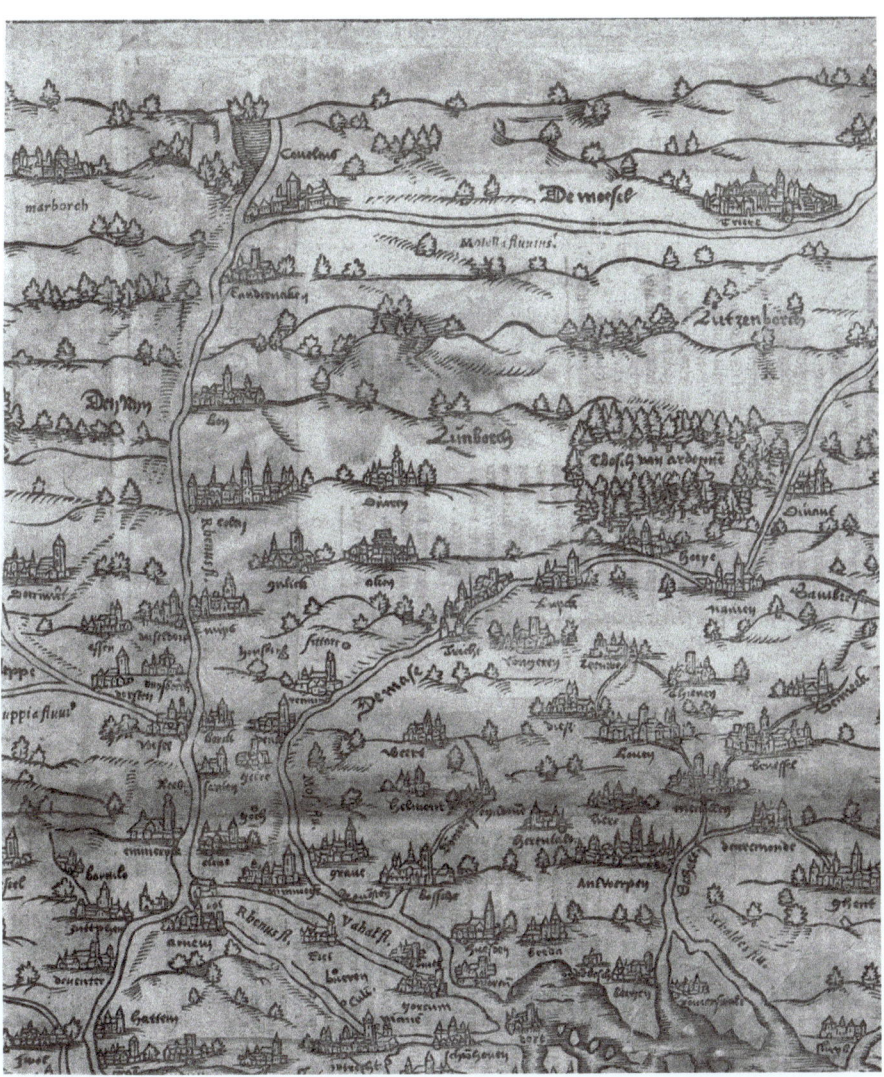

Ausschnitt einer Karte von 1557 des Utrechter Verlegers Van Borculo, die vor kurzem beim Antiquar Plantijn auftauchte. Links am Rande – etwa in der Mitte – liegt Dortmund, die Karte ist also nach Süden (oben) ausgerichtet. Unten, ziemlich genau in der Mitte liegt Schoonhoven, links daneben Utrecht.

Die Familie Pinnoge in Wiedenbrück

von Christian Loefke

Die Familie Pinnoge erscheint erstmalig 1626 nachweisbar in Wiedenbrück, als der Organist Gerhard Pinnoge einen Sohn taufen lässt. Pinnoge dürfte damals als Nachfolger des 1621 nach Beckum verzogenen Henrich Taxis[1] bereits einige Jahre in Wiedenbrück ansässig gewesen sein, jedoch erhielten er und seine Familie erst 1630 die Bürgerrechte. Woher Gerhard Pinnoge stammte, ließ sich bisher nicht feststellen. Ältere Namensvorkommen finden sich in Dortmund[2] und Münster[3] sowie in Ahlen[4], ohne dass bisher ein Zusammenhang erkennbar wäre.

01   Gerhard Pinnoge

* um 1600, † Wiedenbrück 24.03.1650, von 1626 bis 1650 Organist in Wieden-brück, geschatzt 1628 mit Ehefrau Elsa und einer Halbmagd[5] im Neupfortenhof auf 9 Schilling 9 Denarii, bürgert als Organist mit Ehefrau und zwei namentlich genannten Söhnen am 17.12.1630 in Wiedenbrück ein, im Krameramt am 14.06.1631 mit seinen Kindern aufgenommen, wohnt im Neupfortenhof, Haus-Nr. 326 (heute Klingelbrink 4);[6]

⚭ I.   um 1623

Elsa **von Willen**, bürgert am 17.12.1630 mit Ehemann und 2 Söhnen in Wie-denbrück ein,[7] [? T.d. Wilhelm **von Willen** u.d. Margareta (**Frone**?)];

⚭ II.   nach 15.10.1632

Anna **Frense**, * Wiedenbrück um 1600, ☐ ebd. 15.01.1667 (*Anna Frensen*), als Witwe des Cordt Lüninghaus am 15.10.1632 genannt, als Ehefrau Pinnoge mehrfach Patin, geschatzt 1651 im Neupfortenhof auf 3 Rt für eine Haupt- und eine Nebenfeuerstelle, T.d. Andreas **Frense** u.d. Elsche **Pöppelbaum**;[8]

---

1   Zu ihm siehe |Loefke, Krameramtsverwandte| S. 150, Nr. 275.
2   Vgl. z. B. das Register der Dortmunder Morgensprachen, S. 456, die ältesten Nachweise dort vom 24.11.1559 (|DoMorgensprachen| S. 20, Nr. 94).
3   In Münster verkauft der dortige Bürger Johann Pinnoge und seine Frau Ursula am 09.03.1575 dem Johann Tyr die Hälfte ihres Hauses an der Hundestege (Archiv Assen, Urkunden, Nr. 1499). Dieses Haus hatten sie erst am 20.06.1572 erworben (Archiv Assen, Urkunden, Nr. 1450).
4   Im Jahr 1505 stirbt dort Katharina Pinnoge als letztes Opfer der damaligen Pest am 5. November im Kloster Maria Rosa, vgl. |Kohl, Schwesternhäuser| S. 339. Aus den Angaben geht nicht hervor, ob sie erst in Ahlen eingetreten ist oder bereits zu den Gründungsschwestern von 1467 aus Beckum gehörte.
5   Verwandte, die im Haushalt mithilft.
6 |Flaskamp, Totenbuch Wiedenbrück 1|, S. 29 (1650); |Flaskamp, Taufbuch Wiedenbrück 1| S. 20 (1626); |Loefke, Kopfschatzung 1628| S. 21, Nr. 247 (1628); |Flaskamp, Bürgerlisten Wiedenbrück 1| S. 42 (1630); |StA MS, Wiedenbrück Akten 1| fol. 36r (1631). |Temme, Häuser 4| S. 221.
7 |Flaskamp, Bürgerlisten Wiedenbrück 1| S. 42 (1630).
8 |Flaskamp, Totenbuch Wiedenbrück 2| S. 42 (1667); |StadtA RH-WD, Protocolla Contractum 2| Bl. 20r (1632); Patin u. a. am 04.10.1648 (|Flaskamp, Taufbuch Wiedenbrück 2| S. 28); |Loefke,

(sie: ⚭ I. vor 1625[9] Cordt **Lüninghaus**, † Wiedenbrück vor 15.10.1632, genannt 10.05.1626 als Bruder zu Otto Lüninghausen, S.d. Johann **Lüninghaus** u.d. Gertrud **NN**)[10].

Kinder Pinnoge aus erster Ehe:[11]
1) Bernhard **Pinnoge**, * Wiedenbrück um 1624, bürgert am 17.12.1630 mit Eltern in Wiedenbrück ein.[12]
2) Wilhelm **Spinogi**, ~ Wiedenbrück 13.12.1626 (Tp: *der Meier zu Sletbrugge* [= Conrad Mumperow], *der Vogt zu Langenbergh Patrocolus Gelhoidt und Druffels Dochter Anna*), † ebd. vor 17.12.1630.[13]
3) Henrich **Pinoge**, ~ Wiedenbrück 03.11.1630 (Tp: *der Gerich*[t]*sschreiber Henricus Schultze und Jost Wilmans Dochter*[14]), bürgert am 17.12.1630 mit Eltern in Wiedenbrück ein.[15]

aus zweiter Ehe:
4) Andreas **Pinnoge**, 1651 in der Lateinklasse der Volksschule, Fußknecht am Amtshaus 1654/55, Pate 1668 bei seiner Nichte Anna Gertrud Pinnoge.[16]
5) Johann **Pinnoge**, * Wiedenbrück um 1640, → **02**.
6) Gerhard **Pinnoge**, * Wiedenbrück um 1645, erhält 1663 einen durch seinen Bruder Johann beantragten Geburtsbrief, in dem auch die Eltern der Brüder genannt werden, bürgert 05.01.1667 in Rietberg ein, ist 1659-1660 Organist ebd.;[17]
    ⚭ Anna Catharina **Wördemann**, ...

Rauchschatzung 1651| S. 21, Nr. 276 (1651): *Gerdt Pinnoghen Wittib.* – Andreas Frense, Fußknecht am Amtshaus, bürgert 1606 mit Frau und Kindern in Wiedenbrück ein (|FLASKAMP, Bürgerlisten Wiedenbrück 1| S. 35); Name der Ehefrau nach Geburtsbrief für den Sohn Ameling (|LOEFKE, Geburtsbriefe| S. 50).

9 Kinder Lüninghaus / Frense, alle getauft in Wiedenbrück (kath.):
   1) Anna Lühninghusen, ~ 04.05.1625 (Tp: *Dreses* [Frenses] *Broder* [= Großonkel des Kindes], *ihr Schwester* [= Elisabeth Frense] *und Hinrich Nolken Frowe* [= Margareta Lüninghaus]).
   2) Johannes Lühninckhusen, ~ 10.05.1626 (Tp: *sin Broder Otto* [Lüninghaus, Bruder des Kindsvaters], *ein Man vom Ritpergh und Dreses* [Frenses], *Vodtknechts, Frowe* [= Elsche Pöppelbaum]).
10 Namentlich als Ehefrau des Cordt Lüninghaus 1625 genannt (|FLASKAMP, Taufbuch Wiedenbrück 1| S. 16).
11 Die Familiennamen sind so wiedergegeben, wie sie im jeweiligen Taufeintrag verzeichnet sind.
12 |FLASKAMP, Bürgerlisten Wiedenbrück 1| S. 42 (1630).
13 |FLASKAMP, Taufbuch Wiedenbrück 1| S. 20 (1626). Muss jung verstorben sein, da er 1630 nicht mit eingebürgert wird.
14 Evtl. handelt es sich bei ihr um Elisabeth Willmann, die 1636 Bernhard Berning, Gerichtsschreiber in Wiedenbrück, heiratete.
15 |FLASKAMP, Taufbuch Wiedenbrück 1| S. 49 (1630); |FLASKAMP, Bürgerlisten Wiedenbrück 1| S. 42 (1630).
16 |FLASKAMP, Seelenstandslisten Wiedenbrück| S. 31 (1651); |TEMME, Häuser 4| S. 221; |EGAP, KB Wiedenbrück 6| S. 91 (Taufen 1668).
17 |StadtA RH-WD, Ratsprotokolle 3| fol. 38r (1663); |FLASKAMP, Bürgerlisten Rietberg 2| S. 11 (1667); Organist wohl an der Schlosskapelle, da er in den gräflichen Bestallungsakten mit einem Salär von 40 Rt für diese Zeit genannt wird (|StA MS, RA 1012| Bl. 34v).

a)   Anna Catharina **Pinnog**, ~ Rietberg 19.09.1666;
⚭ Rietberg 14.08.1685
Balthasar Georg **Hölscher**, in Rietberg, ...
7)   Wilhelm **Pinnoge**, ist 1672 Pate bei seiner Nichte Angela Pinnoge.[18]
8)   Anna Elisabeth **Pinnogge**, ~ Wiedenbrück 23.06.1647 (Tp: *Rudolff zur Kulen et Anna Sprakels*).[19]

NN (Kind) Pinnoge, † Wiedenbrück 28.08.1647 (*Gerhart Pinogen, Organisten, Kindt*).[20]

02   Johann Pinnoge, S.d. Gerhard Pinnoge u.d. Anna Frense (→ **01**)
* Wiedenbrück um 1640, ⬚ ebd. 24.08.1680 (*Joannes Pinno*), genannt 1651 in der Lateinklasse der Wiedenbrücker Stadtschule, im Krameramt am 24.06.1661 aufgenommen, beantragt 1663 für seinen Bruder einen Geburtsbrief, in dem auch die Eltern der Brüder genannt werden, Buchbinder, wohnte im Rinderpfortenhof, Haus-Nr. 101 (jetzt Lange Straße 67);[21]
⚭   Wiedenbrück 18.10.1665 (Tz: *Johan Assueri et Henrich Beckman*)[22]
Christina **Born**, * Wiedenbrück um 1640, ⬚ ebd. 10.03.1698 (*Christina Born condicta Pinno*), beantragt als Witwe am 12.09.1691 einen Geburtsbrief für ihren Sohn Georg Christoph Pinnoge, der sich zu ihrem Bruder Johann Henrich Born, Färber in Friedburg (Wetterau), in die Färberlehre begeben will, T.d. Henrich **Born** u.d. Angela **Aßwer**.[23]

Kinder, alle getauft in Wiedenbrück (kath.):
1)   Anna Christina **Pinnog**, ~ 29.07.1666 (Tp: *Johan Assueri et Agnes Wipperman*), ⬚ Wiedenbrück 23.01.1729 (*Anna Christina Pinnow condicta Rising, 63 annor(um)*);[24]
    ⚭   Wiedenbrück 09.02.1700 (Tz: *parens sponsi et Christian Wipperman*)[25]
    Arnold **Rießing**, * Warendorf um 1660, ⬚ Wiedenbrück 14.11.1740 (*Arnold Rising, 80 annor(um)*), Papiermacher, bürgert 22.05.1700 aus Warendorf

---

18 Kann nicht mit dem 1626 geborenen Wilhelm identisch sein, da dieser 1630 nicht mit einge-
    bürgert wird und daher bereits gestorben sein muss!
19 |Flaskamp, Taufbuch Wiedenbrück 2| S. 17 (1649).
20 |Flaskamp, Totenbuch Wiedenbrück 1| S. 22 (1647).
21 |Flaskamp, Totenbuch Wiedenbrück 2| S. 71 (1680); |Flaskamp, Seelenstandslisten Wiedenbrück|
    S. 31 (1651); |StA MS, Stadt Wiedenbrück, Akten 1| Bl. 73r (1661); |StadtA RH-WD, Ratspro-
    tokolle 3| Bl. 38r (1663); |Temme, Häuser 2| S. 189.
22 |Flaskamp; Traubuch Wiedenbrück 2| S. 32 (1665).
23 |Flaskamp, Totenbuch Wiedenbrück 2| S. 108 (1698); |StadtA RH-WD, Ratsprotokolle 5| Bl.
    341r (1691); Eltern auf Grund des Taufeintrags ihres Bruders Johann Henrich vom 04.08.1652
    (|Flaskamp, Taufbuch Wiedenbrück 2| S. 70). – Zu den Eltern vgl. auch |Loefke, Krameramts-
    verwandte| S. 104f., Nr. 31.
24 |EGAP, KB Wiedenbrück 6| S. 74 (Taufen 1666); |EGAP, KB Wiedenbrück 8| S. 68 (Begräbnisse
    1729).
25 |Flaskamp; Traubuch Wiedenbrück 2| S. 95 (1700).

gebürtig in Wiedenbrück ein;[26]

> (er: ⚭ II. Wiedenbrück 03.05.1729 (Tz: *Henrich Hecker et Christoff Füchteye*)
> Anna Christina **Barthols**, ...;
>
> sie: ⚭ I. Wiedenbrück 19.10.1723 (Tz: *Herm(an) Christoff Brabeck et*
> *Andreiß Hellweg*) Andreas **Hellweg**, * um 1664, ☐ Wiedenbrück
> 25.11.1728 (*miles, 64 annor(um)*), Soldat)[27].

Kinder, getauft in Wiedenbrück (kath.):

a) Christian Georg **Rießing**, ~ 10.07.1701 (Tp: *Christian Wipperman*
et Angela Pinno).[28]

b) Angela **Riesingh**, ~ 05.12.1702 (Tp: *Marten Beerman et Angela*
Wipperman genandt Schwenger);[29]

> ⚭ Wiedenbrück 24.02.1727 (Tz: *Otto Grafflage et Stephan*
> *Verhoff*)[30]
> Hermann (Henrich) **Verhoff**, ...
> – 7 Kinder Verhoff –

c) Maria Elisabetha **Rießing**, ~ 17.08.1704 (Tp: *Alberts Schreiner et*
Anna Elisabeth Wipperman condicta Tuman), erhält am 09.09.1737
als „Anna Elisabeth Rießing" in Warendorf ihren Geburtsbrief;[31]

> ⚭ Warendorf vor 1737
> Wilhelm **Rolefincke**, Bürger und Bomsiedenmacheramtsverwandter
> in Warendorf.

d) Otto Christophor **Riesing**, ~ 12.05.1707 (Tp: *Magister Otto Jodocus*
Mellage et Elisabeth Boickhoff).[32]

2) Anna Gertrud **Pinno**, ~ 15.07.1668 (Tp: *Andreas Pinno et Gerdrut*
Biermans), ☐ Wiedenbrück 06.02.1736 (*Anna Gertrud Pinnoe genannt*
Schreiner, 68 annor(um));[33]

> ⚭ Wiedenbrück 26.11.1701 (Tz: *Laurentz zur Wieden et Gerdt*
> *Dönnewalt*)[34]

Albert Henrich **Schreiner**, ~ Wiedenbrück 03.08.1666 (Tp: *Albertus*
Haver et Agnes Ploschers), ☐ ebd. 17.06.1723 (*Albert Schreiner, 56*
annor(um)), bürgert am 23.07.1700 in Wiedenbrück ein, da seine Mutter

---

26 |EGAP, KB Wiedenbrück 8| S. 106 (Begräbnisse 1740); |FLASKAMP, Bürgerlisten Wiedenbrück 2|
S. 49 (1700). – Nach |FLASKAMP, Bürgerlisten Wiedenbrück 2| S. 64 bürgert die „jetzige" Ehefrau
des Bürgers Arend Riesing, Rosine Röseler, aus Nordborchen bei Paderborn am 12.07.1729
in Wiedenbrück ein!

27 |EGAP, KB Wiedenbrück 8| S. 41 (Trauungen 1729); ebd. S. 34 (Trauungen 1723); ebd. S. 67
(Begräbnisse 1728).

28 |EGAP, KB Wiedenbrück 6| S. 314 (Taufen 1701).

29 |EGAP, KB Wiedenbrück 7| S. 6 (Taufen 1702).

30 |EGAP, KB Wiedenbrück 8| S. 38 (Trauungen 1727).

31 |EGAP, KB Wiedenbrück 7| S. 19 (Taufen 1704); |GB-WAF| S. 213, Nr. 2855.

32 |EGAP, KB Wiedenbrück 7| S. 38 (Taufen 1707).

33 |EGAP, KB Wiedenbrück 6| S. 91 (Taufen 1668); |EGAP, KB Wiedenbrück 8| S. 92 (Begräbnisse
1736).

34 |FLASKAMP, Traubuch Wiedenbrück 2| S. 98 (1701).

wahrscheinlich kein Bürgerrecht besaß, S.d. Hermann **Schreiner** u.d. Elisabeth **Bömeker**.[35]

Kinder, alle getauft in Wiedenbrück (kath.):

a) Margaretha Elisabeth **Schreiner**, ~ 03.09.1702 (Tp: *Arendt Rießing et Anna Margaretha Hachtmeister condicta Pinno*), † vor 1742, wohnt mit ihrer Familie im elterlichen Haus im Rinderpfortenhof, Haus-Nr. 101 (jetzt Lange Straße 67);[36]

      ⓞ   Wiedenbrück 02.05.1724 (Tz: *Christoffer Pinnoge et Henrich Hecker*)[37]

Johann **Hecker**, * Herzebrock um 1688, ☐ Wiedenbrück 07.06.1768 (*Johan Hecker, pro Deo, 80 ann(orum)*), bürgert – vertreten durch Christopher Pinnoge (→ 03) – am 19.05.1724 aus dem Ksp. Herzebrock in Wiedenbrück ein, war vorher Abtei Marienfelder Eigenbehöriger;[38]

      (er: ⓞ II. Wiedenbrück 12.06.1742 (Tz: ...) Maria **Rosenberg**, ...).

– 8 Kinder Hecker –

b) Anna Catharina **Schreiner**, ~ 02.11.1704 (Tp: *Christophor Berleman et Elisabeth Borchartz condicta Wippermans*).[39]

c) Catharina Elisabeth **Schreiner**, ~ 07.03.1707 (Tp: *Johan Henrich Grafflage et Elisabeth Wipperman condicta Tuman*).[40]

d) Angela Elisabeth **Schreiner**, ~ 09.05.1709 (Tp: *Elisabeth Schreiner condicta Becker et Lubertus Grafflage*).[41]

e) Otto Jobst **Schreiner**, ~ 24.02.1711 (Tp: *r(everendus) d(omi)nus magister et vicarius Mellage et Anna Elisabeth Boickhoff*).[42]

3) Anna Catharina **Pinno**, ~ 12.10.1670 (Tp: *Christian Born et Anna Lintels*), ☐ Wiedenbrück 17.09.1671 (*Johan Pinno ein Kindt*).[43]

4) Agnes <u>Angela</u> **Pinnoge**, ~ 06.03.1672 (Tp: *Wilhelm Pinnoge et Angela Wippermans*), ☐ Wiedenbrück 06.12.1736 (*Anna Angela Pinnow genant Hecker, 65 annor(um)*);[44]

      ⓞ   Wiedenbrück 04.06.1716 (Tz: *Johan Glandorff et Albert Schreiner*)[45]

Henrich **Hecker**, * um 1664, ☐ Wiedenbrück 12.02.1731 (*Henrich Hecker,*

35 |EGAP, KB Wiedenbrück 6| S. 74 (Taufen 1666); |EGAP, KB Wiedenbrück 8| S. 54 (Begräbnisse 1723); |FLASKAMP, Bürgerlisten Wiedenbrück 2| S. 49 (1700).
36 |EGAP, KB Wiedenbrück 7| S. 5 (Taufen 1702); |TEMME, Häuser 2| S. 189f.
37 |EGAP, KB Wiedenbrück 8| S. 34 (Trauungen 1724).
38 |EGAP, KB Wiedenbrück 8| S. 182 (Begräbnisse 1768); |FLASKAMP, Bürgerlisten Wiedenbrück 2| S. 61 (1724).
39 |EGAP, KB Wiedenbrück 7| S. 21 (Taufen 1704).
40 |EGAP, KB Wiedenbrück 7| S. 35 (Taufen 1707).
41 |EGAP, KB Wiedenbrück 7| S. 56 (Taufen 1709).
42 |EGAP, KB Wiedenbrück 7| S. 68 (Taufen 1711).
43 |EGAP, KB Wiedenbrück 6| S. 108 (Taufen 1670); |FLASKAMP, Totenbuch Wiedenbrück 2| S. 54 (1671).
44 |EGAP, KB Wiedenbrück 6| S. 117 (Taufen 1672); |EGAP, KB Wiedenbrück 8| S. 92 (Begräbnisse 1736).
45 |EGAP, KB Wiedenbrück 8| S. 23 (Trauungen 1716).

67 annor(um)), Nachtwächter 1697, wohnt im Rinderpfortenhof Haus-Nr. 212 (heute Ostenwall 22), bürgert 12.05.1701 in Wiedenbrück ein, ...;[46]
(er: ⚭ I. Wiedenbrück 13.11.1696 (Tz: *Gerhardt Krümpelman et alii*)
Eva **Francke gen. Schellermann**, * um 1665, ☐ Wiedenbrück 28.12.1715 (*Eva Francken condicta Hecker, 50 annor(um)*) – 5 Kinder Hecker)[47].

5) Andreas Georg <u>Christopher</u> **Pinnoge**, ~ 06.05.1674 (Tp: ... [nicht ausgefüllt]),[48] → **03**.

6) Johann Henrich **Pinno**, ~ 20.04.1677 (Tp: *d(ominus) Gerhardus Wilmans*), erhält am 06.08.1703 seinen Geburtsbrief, da er in Gemünden im Frankenland wohnt.[49]

03 **Andreas Georg <u>Christopher</u> Pinnoge**, S.d. Johann Pinnoge u.d. Christina Born (→ **02**)
~ Wiedenbrück 06.05.1674, ☐ ebd. 07.11.1727 (*Christoffer Pinnow, Wagemeister, 57 annor(um)*), erhält 1691 einen Geburtsbrief, da er zu seinem Onkel Johann Henrich Born nach Friedberg in die Färberlehre gehen will, wird am 24.06.1701 als Amtskind mit Frau im Krameramt aufgenommen, Färber, 1723-1727 Waagemeister in Wiedenbrück, wohnte im Langenbrückenpfortenhof, Haus-Nr. 388 (jetzt Markt 12);[50]
⚭ Wiedenbrück 01.02.1701 (Tz: *Caspar Hageman et Johan Heisingh*)[51]
Anna Margareta **Hachmeister**, ~ Wiedenbrück 04.12.1667 (Tp: *Hinrich Schroder et Anna Maria Biermans*), ☐ ebd. 26.01.1744 (*Anna Margaretha Hachmeister genannt Pinnow ex zenodochio St. Antonii, 67 annor(um)*), wohnte zuletzt im St.-Antonius-Armenhaus in Wiedenbrück, T.d. Otto **Hachmeister** u.d. Gertrud **Rose**;[52]
(sie: ⚭ I. Wiedenbrück 12.08.1688 (Tz: *Caspar Hageman et Johan Heisingk*)[53]
Adam **Heising**, * Wiedenbrück um 1640, ☐ ebd. 01.09.1700 (*Adam*

---

46 |EGAP, KB Wiedenbrück 8| S. 77 (Begräbnisse 1731); |Temme, Häuser 2| S. 472 (Ostenwall 22); |Flaskamp, Bürgerlisten Wiedenbrück 2| S. 50 (1701).
47 Familienname bei Hochzeit ist „Schellermann", bei Taufe der 5 Kinder und im Begräbniseintrag jeweils „Francke". – |Flaskamp, Traubuch Wiedenbrück 2| S. 90 (1696); |EGAP, KB Wiedenbrück 8| S. 36 (Begräbnisse 1715).
48 |EGAP, KB Wiedenbrück 6| S. 133 (Taufen 1674).
49 |EGAP, KB Wiedenbrück 6| S. 153 (Taufen 1677); |Temme, Häuser 2| S. 189.
50 |EGAP, KB Wiedenbrück 6| S. 133 (Taufen 1674); |EGAP, KB Wiedenbrück 8| S. 64 (Begräbnisse 1727); |StadtA RH-WD, Ratsprotokolle 5| Bl. 341r (1691); |StA MS, Stadt Wiedenbrück, Akten 2| Bl. 176v (1701) und Bl. 178v (Amtskind und Färber), |Temme, Häuser 1| S. 331 (Markt 12).
51 |Flaskamp, Traubuch Wiedenbrück 2| S. 96 (1701).
52 |EGAP, KB Wiedenbrück 6| S. 86 (Taufen 1667); |EGAP, KB Wiedenbrück 8| S. 121 (Begräbnisse 1744).
53 Kinder Heising / Hachmeister, alle getauft in Wiedenbrück (kath.):
   a) Angela Heising, ~ 26.04.1689 (Zwilling zu Agnes; Tp: *Anna Rosen*).
   b) Agnes Heising, ~ 26.04.1689 (Zwilling zu Angela; Tp: *Agnes Heising*).

Heisingh), Kannengießer in Wiedenbrück, wird am 10.05.1651 bei der Volkszählung in Wiedenbrück als Knabe (*puer*) bezeichnet, S.d. Henrich **Heising** u.d. Margaretha **Uhrmeister**;[54]

er: ⚭ I. Wiedenbrück 03.08.1664 (Tz: *Berent Rumphorst Herman Grafflage*)[55] Magdalena **Rumphorst**, * Wiedenbrück um 1644, ☐ ebd. 30.07.1686 (*Magdalena Rumphorst genant Heising*), wird am 10.05.1651 bei der Volkszählung in Wiedenbrück als Kleinkind (*infans*) genannt, T.d. Bernd **Rumphorst** u.d. Catharina **Hölscher gen. Morfeld**)[56].

Kinder, alle getauft in Wiedenbrück (kath.):
1)   Johann Albert **Pinnoge**, ~ 11.12.1701 (Tp: *Jo(ann)es Populo et Elisabeth*

☐ 26.4.1689 (*Adam Heisings Kindt*).
c) Caspar Henrich Heisingh, ~ 23.05.1690 (Tp: *Caspar Hageman et Catharina Margaretha Fuhrmans*).
d) <u>Bernard</u> Henrich Heißing, ~ 18.10.1693 (Tp: *Bernardt Hachtmeister et Elisabet Schroders*), ☐ Wiedenbrück 11.05.1734 (*44 annorum*), Kannengießer ebd.;
⚭ Wiedenbrück 24.08.1718 (Tz: *Ilies Uhrmeister et Xtoffer Pinnow*) Maria <u>Gertrud</u> Uhrmeister, † um 1765.
(sie: ⚭ II. Wiedenbrück 14.01.1736 (Tz: ...) Franz Cone).
– 5 Kinder Heising –
e) Anna Clara Heißing, ~ 25.07.1696 (Tp: *Cordt Schröder et Anna Clara Heising*).
f) Johann Henrich Heißing, ~ 20.03.1698 (Tp: *Henrich Schröder et ... [Leerraum]*).
54 |FLASKAMP, Traubuch Wiedenbrück 2| S. 77 (1688); |FLASKAMP, Totenbuch Wiedenbrück 2| S. 114 (1700); |FLASKAMP, Seelenstandslisten Wiedenbrück| S. 11. – Er wird 1666 als Bruder des Johann Heising und dessen Ehefrau Gertrud Leifeld bezeichnet (|StadtA RH-WD, Ratsprotokolle 3| Bl. 124r); schon 1664 werden die beiden Brüder Johann und Adam Heising als Söhne des † Henrich Heising genannt (ebd., Bl. 48r).
55 Kinder Heising / Rumphorst, alle getauft in Wiedenbrück (kath.):
a) <u>Anna</u> Margareta Heising, ~ 12.02.1665 (Tp: *Margareta Uhrmeister et Anna Catharina Rumphorst*), ☐ Wiedenbrück 04.08.1735 (*Anna Heising genant Populau, 70 annor(um)*);
⚭ Wiedenbrück 19.05.1691 (Tz: *Jacob Crümpelman et Jost Crümpelman et plures alii*) Johann Populoh, ~ Wiedenbrück 15.12.1647 (Tp: *Johannes Populoe, magister in tertia, Johan Potter et Margareta Luninckhaus, uxor Gert Hatwich*), ☐ ebd. 26.08.1722 (*ludimagister Joannes Populo, 77 annor(um)*), im Krameramt um 1684 aufgenommen, Konrektor in Wiedenbrück, S.d. Henrich Populoh u.d. Margaretha Schof;
(er: ⚭ I. Wiedenbrück 05.10.1683 (Tz: *Rotger Populo et Wilhelm Melies*) Gertrud Mellies, * Wiedenbrück um 1656, ☐ ebd. 12.02.1691 (*Joannes Populoes Fraw*), [T.d. Wilhelm Mellies u.d. Gertrud Winkelmann]).
b) Bernhard Heising, ~ 02.01.1667 (Tp: *M(eister) Bernt Rumphorst*), ☐ Wiedenbrück 22.07.1684 (*Berendt Heising*).
c) Stephanus Hermannus Heisings, ~ 09.11.1670 (Tp: *Steffan Heising et Anna Rode*), ☐ Wiedenbrück 19.09.1675 (*Adam Heisinck ein Kindt*).
d) Johann Adolph Heising, ~ 31.01.1673 (Tp: *M(eister) Adolph Rumphorst et Anna Catharina Strop*), ☐ Wiedenbrück 24.09.1675 (*Adam Heisinck ein Kindt*).
56 |FLASKAMP, Traubuch Wiedenbrück 2| S. 29 (1664); |FLASKAMP, Totenbuch Wiedenbrück 2| S. 87 (1686); |FLASKAMP, Seelenstandslisten Wiedenbrück| S. 10. – Zu den Eltern siehe auch |LOEFKE, Krameramtsverwandte| S. 141, Nr. 228.

Hutingk), ☐ Wiedenbrück 18.03.1702 (*Christophoren Pinogen Kindt*).[57]
2)   Catharina Margaretha **Pinno**, ~ 24.06.1703 (Tp: *Conradt Creutzkamp et Anna Cathar(ina) Wörman*).[58]
3)   Christian Arnold **Pinno**, ~ 21.06.1705 (Tp: *Lohnherr Christian Wipperman et Angela Pinno*).[59]
4)   Margaretha Elisabeth **Pinno**, ~ 16.04.1707 (Tp: *Gerdt Goltkuhle et Anna Margaretha Uhrmeister conjunx judicis Creutzkamp*).[60]
5)   Eva Margaretha **Pinno**, ~18.08.1709 (Tp: *Herman Niggehuß et Eva Ostman condicta Cramers*).[61]
6)   Catharina Elisabeth **Pinnoge**, ~ 05.03.1713 (Tp: *Elisabeth Rhosen et Johan Henrich Nelling*), ☐ Wiedenbrück 10.04.1714 (*Christoff Pinnowen Kind, unius anni*).[62]

Kinder: ☐ 20.02.1706, ☐ 06.02.1710, ☐ 10.05.1710.

Quellen und Darstellungen:

Erzbischöfliches Generalvikariatsarchiv Paderborn [**EGAP, ...**]
KB Wiedenbrück, Bände **6-8**.

Landesarchiv NRW, Abt. Westfalen (Staatsarchiv Münster) [**StA MS, ...**]
Rietberg, Akten, Nr. 1012;
Stadt Wiedenbrück, Akten 1 und **2** (Krameramtsbücher).

Westfälisches Archivamt, **Archiv Assen** (Dep.), **Urkunden**, Nr. 1450 und 1499.

Stadtarchiv Rheda-Wiedenbrück [**StadtA RH-WD, ...**]
Protocolla contractum, 3 Bände (1616-1663);
Ratsprotokolle, Bd. 3 und 5.

Barich, Fritz: Die Dortmunder **Morgensprachen** 1558-1586, in: Beiträge zur Geschichte Dortmunds und der Grafschaft Mark 27/28 (1920) 1-516.
Flaskamp, Franz (Hg.):
-: Die **Bürgerlisten** der Reichsgräflichen Landeshauptstadt **Rietberg**. 2. Teil: 1662 bis 1693. Rietberg 1938 (Quellen und Forschungen zur Natur und Geschichte des Kreises Wiedenbrück, 36).

---

57 |EGAP, KB Wiedenbrück 6| S. 317 (Taufen 1701); |EGAP, KB Wiedenbrück 8| S. 1 (Begräbnisse 1702).
58 |EGAP, KB Wiedenbrück 7| S. 11 (Taufen 1703).
59 |EGAP, KB Wiedenbrück 7| S. 25 (Taufen 1705).
60 |EGAP, KB Wiedenbrück 7| S. 37 (Taufen 1707).
61 |EGAP, KB Wiedenbrück 7| S. 58 (Taufen 1709).
62 |EGAP, KB Wiedenbrück 7| S. 79 (Taufen 1713); |EGAP, KB Wiedenbrück 8| S. 32 (Begräbnisse 1714).

-: Die **Bürgerlisten** der Stadt **Wiedenbrück**. **1**. Teil: Stadtbuch 1480 bis 1541, Bürgerbuch 1549 bis 1730. Rheda 1938 (Quellen und Forschungen zur Natur und Geschichte des Kreises Wiedenbrück, 37).

-: Die **Bürgerlisten** der Stadt **Wiedenbrück**. **2**. Teil: Ratsprotokolle 1630 – 1818. Gütersloh 1938 (Quellen und Forschungen zur Natur und Geschichte des Kreises Wiedenbrück, 50).

-: Die ältesten **Seelenstandslisten** (1651ff.) der Kirchspiele **Wiedenbrück** und St. Vit. Münster 1946 (Quellen und Forschungen zur Natur und Geschichte des Kreises Wiedenbrück, 61).

-: Das **Taufbuch I** (1625/32) der westfälischen Kirchengemeinde **Wiedenbrück**. Wiedenbrück 1938 (Quellen und Forschungen zur Natur und Geschichte des Kreises Wiedenbrück, 42).

-: Das **Taufbuch II** (1647/53) der westfälischen Kirchengemeinde **Wiedenbrück**. Wiedenbrück 1938 (Quellen und Forschungen zur Natur und Geschichte des Kreises Wiedenbrück, 43).

-: Das **Totenbuch I** (1646/56) der westfälischen Kirchengemeinde **Wiedenbrück**. Wiedenbrück 1938 (Quellen und Forschungen zur Natur und Geschichte des Kreises Wiedenbrück, 41).

-: Das **Totenbuch II** (1656/1701) der Kirchengemeinde **Wiedenbrück**. Gütersloh 1938 (Quellen und Forschungen zur Natur und Geschichte des Kreises Wiedenbrück, 49).

-: Das **Traubuch II** (1656/1701) der Kirchengemeinde **Wiedenbrück**. Münster 1948 (Quellen und Forschungen zur Natur und Geschichte des Kreises Wiedenbrück, 72).

KOHL, Wilhelm: Das Bistum Münster, 1: Die **Schwesternhäuser** nach der Augustinerregel. Berlin 1968 (Germania Sacra NF, 3: Die Bistümer der Kirchenprovinz Köln).

LOEFKE, Christian:

-: **Kopfschatzung** der Stadt Wiedenbrück vom 19. August **1628**. Dortmund 1996 (Schatzungslisten aus dem Amt Reckenberg, 2).

-: **Rauchschatzung** der Stadt Wiedenbrück vom August **1651**. Dortmund 2000 (Schatzungslisten aus dem Amt Reckenberg, 6).

-: Wiedenbrücker **Geburts**- und Frei**briefe** 1630-1635, in: Roland 10 (1995/97) 49-51.

-: Wiedenbrücker **Krameramtsverwandte** des 17. Jahrhunderts, in: Beiträge zur westfälischen Familienforschung 54 (1996) 91-181.

NIESERT, Franz-Julius / WALLMEIER, Wilhelm: Die **Geburtsbriefe** der Stadt **Warendorf** 1584-1804. Warendorf 1964 (Quellen und Forschungen zur Geschichte der Stadt Warendorf, 3).

TEMME, Josef: Lebensbilder Wiedenbrücker **Häuser**, 5 Bde. Bielefeld 2009.

Krelage, ein berühmter Haarlemer Züchter, hatte auch einen Dorstener Gehilfen

von Jos Kaldenbach

Der Haarlemer Blumenzüchter Ernst Heinrich Krelage (1756–1855), gebürtig aus Bramsche bei Osnabrück, wurde mit seinen Produkten so berühmt, dass auch Kaiser, Könige und Professoren von Hannover bis Wien bei ihm bestellten bzw. sich erkundigten. Sein umfangreiches Firmen- und Familienarchiv, das sich im Noordhollands Archief befindet (Signatur 1798-264), bezeugt das. Ebenso auch die zwei Briefe von W. Beisenbusch aus Dorsten, in denen er sich 1844 krank schreiben lässt:

„Wohlgeborener Herr.
Hochgeehrter Herr Krelage!

E. H. Krelage.
Stichter der firma E. H. Krelage & Zn. te Haarlem.

Ew. Wohlgeboren werden verzeihen, daß ich Ihnen nicht
eher über meine Krankheits-Verhältnisse benach-
richtiget habe, indem es meine Schwachheit nicht zuge-
lassen hat. Auf der Reise bin ich vom Fieber befreit
geblieben, aber wie ich zu Hause kam, wurde ich sehr
stark und anhaltent davon angegriffen. Jetzt aber bin ich
wieder ziemlich an der Besserung, und ich hoffe gegen Ende
Februar meinen Dienst wieder antreten zu können.
Im Fall ich mich zu der bestimmten Zeit nicht stark genug
fühlen sollte, so bitte ich, um eine halbe Monat später
kommen zu dürfen, worüber ich Ihnen im nächsten Briefe
näher benachrichtigen werde. Wenn es ihnen bei Gelegen-
heit die Zeit erlaubt, so möchte ich um einige Zeilen
zur Antwort bitten, und wünschte dabei gerne zu wissen,
wie sich die jungen Pflänzchens und Stecklingen
verhalten. Ich wünsche Ihnen und Ihrer ganze Familie
viel Glück und Seegen im neuen Jahre.
Sie werden freundlichst ersucht, den jungen Herrn Christian,

H. Magnus, Polle, und meine samtliche Kammerathen
von mir zu grüßen.
Es grüßt Sie und Ihre Frau Gemahlinn hochachtungsvoll
    Ew. Wohlgeboren
                gehorsamster Diener
Dorsten, den 14ten Januar 1844   W. Beisenbusch** "*

*   Jan Pollé war schon ab 1828 in Krelages Diensten und wird einmal sogar in
    der „Haarlemsche Courant" geehrt: 1862 wird sein Ableben von J.H. Krelage
    gemeldet:

*„Heute verstarb, im Alter von gut 73 Jahren, zur tiefen Trauer seiner hinter-
lassenen Witwe und Kinder, seiner Bekannten und Freunde, JOHANNES
POLLÉ, der, während mehr als 36 Jahre als Meisterknecht auf der Blumisterey
von E.H. Krelage und Sohn, tätig gewesen ist. Er hat meinem verstorbenen
Vater und später mir immer als ein getreuer und ehrlicher Freund zur Seite
gestanden, und er durfte sich immer die ungeteilte Hochachtung aller erwer-
ben, die mit ihm, in seiner Stellung, in Berührung kamen. Eine Krankheit von
nur wenigen Wochen setzte seinem tätigen Leben ein Ende.
HAARLEM   J. H. KRELAGE
6 December 1862."*

₊₊* Heden overleed, in den ouderdom van ruim 73 jaren,
tot diepe droefheid zijner nagelaten Weduwe en Kinderen,
zijner Betrekkingen en Vrienden, JOHANNES POLLÉ,
die, gedurende meer dan 36 jaren als Meesterknecht op
de Bloemisterij van *E. H. Krelage en Zoon*, is werkzaam
geweest. Hij heeft mijnen overleden Vader en later mij
altijd als een getrouw en eerlijk Vriend ter zijde gestaan,
en hij mocht zich steeds de onverdeelde achting verwerven
van allen die met hem, in zijne betrekking, in aanraking
kwamen. Eene ziekte van slechts weinige weken maakte
een einde aan zijn werkzaam leven.
   HAARLEM,   J. H. KRELAGE.
6 December 1862.

** In der katholischen St. Agathakirche in Dorsten werden viele Beisenbuschs getauft, dieser Wilhelm fand sich aber noch nicht. Noch heute gibt es in Dorsten die Beisenbusch GmbH & Co. KG für Heim-, Garten- und Bastlerbedarf in der Klosterstraße 6. Sie führen auch Samen, Saatgut und Blumenzwiebeln!

Die Antwort von E.H. Krelage ist im Familienarchiv nicht zu finden, wohl aber Wilhelms zweiter Brief:

„Wohlgeborener Herr.
Hochgeehrter Herr Krelage!

Ew. Wohlgeboren bin ich so frei, den traurigen Fall
meiner Krankheit hier durch zu benachrichtigen,
welches Ihnen unangenehm vorkommen wird. Das kalte
Fieber hat mir nach der Zeit ich Ihnen den Bericht vom 14ten
Januar zugeschickt habe nicht verlassen, sondern wenn ich acht
Tage davon frei war, so hat ich es wieder und konnte mithin
nicht gehörig bei Kräften kommen. Darauf wurde ich von
einem dreiwöchentlichen Diaree der Maßen überfallen,
daß der Arz[t] keine Hemmungen bewirken konnte, welches
sich noch nicht naturmässig gesetzt hat. Hieraus können
Sie die Abnehmung meiner Kräfte leicht schließen, und kann [ich]
die Reise jetzt noch nicht annehmen. Ich fühle mich aber
bedeutend besser und zunehmender an Kräften wie
früher, zeige auch eine gesundere Gesichtsfarbe.
Der Arz[t] hält es für sehr gefährlich, daß ich vor Ostern die
Reise annehme, weil die Natur zu kalt und unregel-
mässig ist. Deswegen bitte ich Sie freundlichst, Ihre
Einrichtung so zu machen, daß Sie mich bis zu der
oesterlichen Zeit zu entbehren haben, weil ich doch gar
zu gerne wieder bei Ihnen im Dienste wäre, indem
es mir sehr gut gefällt. Ich bitte einige Zeilen zur
Antwort. Sie werden nochmals ersucht, den jungen
Herrn, Christian, H. Magnus, Polle, und meine sämtliche
Kammerathen von mir gefälligst zu grüßen.
Es grüßt Sie und Ihre Frau Gemahlinn hochachtungsvoll
*   Ew. Wohlgeboren*
*   gehorsamster Diener*
Dorsten, den 10ten März 1844   W. Beisenbusch"

Wohlgeboren Herr.

Hochgeehrter Herr Kielage!

Ew. Wohlgeboren bin ich so frei, den vorigen Fall meiner Krankheit hiemit zu benachrichtigen, welches Ihnen unangenehm vorkommen wird. Das kalte Einbad hat mir nach der Zeit ich Ihnen den Brief vom 14ten Januar zugeschickt habe nicht verlassen, sondern wenn ich acht Tage davon frei war, so hat es wieder und Kennels welche ...gehörig bei Brüsten kommen. ...

[...]

Ew. Wohlgeboren
gehorsamster Diener
W. Beifenbusch.

Dorsten 10ten März 1844.

Buchbesprechung

Anita M. Mallinckrodt, PhD
„According to the Law" – Immigrant Experiences at Augusta, Missouri.
Augusta/Missouri (Selbstverlag) 2010, V u. 91 S., Spiral-Bindung; ISBN
0-931227-19-4
  (Bestelladressen: „History Museum" und „Visitor Center", beide in Augusta/MO.;
oder: Mallinckrodt Communications, 498 Schell Road, Augusta, MO 63332, USA; Preis:
9 US-$ & Porto)

Die rührige Verfasserin, Nachfahrin der berühmten Dortmunder Patrizierfamilie, beschäftigt sich weiterhin[1] eifrig mit der Geschichte ihrer amerikanischen Geburtsstadt Augusta/Missouri und deren deutscher Siedler. Ihren Ruhesitz „Haus Dortmund" (sic) hat sie dort oberhalb des „Dortmund Field" errichtet, wo um 1840 einmal ein Ort namens (Neu-)Dortmund hätte entstehen sollen. Ihre neueste Publikation setzt sich mit dem anglo-amerikanischen Rechtssystem auseinander, wie es den zahlreichen deutschen Einwanderern vor Ort entgegentrat und wie sie es zu beachten hatten. Dazu wählt sie 6 Rechtsfälle des Alltagslebens aus, die sich chronologisch zwischen 1852 und 1920 ereigneten. Die deutschen Neubürger mussten eine ungewohnte Rechtskultur kennenlernen, der sie als Geschworene zu dienen hatten oder als Delinquent z. B beim Kreuzverhör in englischer Sprache unterworfen waren bzw. das sie als Mitglieder des Gerichts bei Urteilen und Straffestlegungen anwenden mussten. Die ausgewählten 6 Fälle betreffen: 2 Raufhändeleien mit tödlichem Ausgang durch Messerstiche, die Rettung von aus den Südstaaten geflohenen Sklaven während des amerikanischen Bürgerkriegs (1861-1865) durch deutsche Einwanderer, das spurlose Verschwinden eines ehemaligen Lehrers und Schulleiters beim Besuch der „Expo" 1897 im nahen St. Louis/MO (der vermutlich wegen seiner beträchtlichen Barschaft ermordet wurde), sowie den Selbstmord eines älteren Farmers, der 1918 nicht zur Armee eingezogen werden wollte, um nicht in Europa gegen seine deutschen Brüder und Neffen kämpfen zu müssen, und der 10 Kinder hinterließ, was die Autorin kenntnisreich in die damaligen aufgeheizten Zeitumstände und die einschlägigen US-Gesetze einbettet. Im letzten Kapitel schließlich geht es um die Prohibition (1919-1933) und Alkoholschmuggel. Jedem der Fälle ist ein umfangreiches Quellen- bzw. Literaturverzeichnis beigefügt.

  Frau Dr. Mallinckrodt schreibt in ihrem längeren Epilog, was die Einwanderer aus den genannten Fällen exemplarisch lernen konnten, und dass der schwierige Lernprozess von der deutschen oder kontinental-europäischen Kultur zur angelsächsisch geprägten Neuen Welt, vom *„Gegeben von König N.N. ..."* zum *„Wir das Volk ... beschließen ...",* zwar langsam, aber stetig vor

---

1 Vgl. die Besprechung ihres Buches „Augusta's 'Harmony' – The *Harmonie-Verein* Cultural
   Society 1856–1922" (Augusta/MO 2005) im Roland-Jahrbuch, Band 14 (2005), Seite 146f.

sich ging, und trotz Beibehaltung der Muttersprache und von Heimattraditio-
nen die ursprünglich englischen parlamentarischen Umgangsformen und die
auf Mehrheitsbeschlüssen basierende Selbstverwaltung verinnerlicht wurden.
Dabei halfen gut gemachte, manchmal sogar fast wissenschaftliche, Artikel in
den deutschsprachigen Regionalzeitungen, vorzügliche Kulturvereine sowie
tüchtige zweisprachige Lehrer und Schulen.

Ein Personenverzeichnis mit weit überwiegend deutschen (oft Dortmunder
oder jedenfalls westfälischen) Namen sowie ein ausführliches Themenregister
runden das Buch ab.

Richard Goldmann

ROLAND-Wappenrolle

Wappen Ziemssen
aus Stralsund

In Rot eine mit einem goldenen
Kreuz besetzte, silberne Säule.
Auf dem Helm mit rot-silbernen
Decken zwischen offenem, silber
und rot gevierten Flug ein fünf-
strahliger goldener Stern.

Eingetragen am 27. Juni 1999 unter
Nr. 10310 / 99 in die Deutsche Wappen-
rolle des HEROLD zu Berlin.

Bericht von der Jahreshauptversammlung am 10. Januar 2010

vom 2. Schriftführer Christian Loefke

Die 1. Vorsitzende, Frau **Roswitha Bliese**, begrüßte um 19:15 Uhr die anwesenden 28 Mitglieder und 1 Gast zur form- und fristgerecht einberufenen Jahreshauptversammlung im Hotel Drees und stellte die Beschlussfähigkeit fest. Anschließend wurde der im letzten Jahr verstorbenen Mitglieder, Frau **Renate Roth** († 3.12.2008, begr. Febr. 2009) und Herrn **Friedhelm Hanebeck** († 25.11.2009), gedacht.

Im abgelaufenen Geschäftsjahr fanden 1 Jahreshauptversammlung, 6 Vortrags- und 2 Diskussionsabend sowie eine genealogische Ausstellung mit Vorträgen in Schwerte statt. Der Verein wurde im abgelaufenen Geschäftsjahr durch Vorstands- und einfache Mitglieder auf den Genealogentagen / Genealogentreffen in Altenberge (März), Unna (August), Bielefeld (September) und Schwerte (Oktober) vertreten.

Frau Bliese dankt den in Bibliothek und Vorstand tätigen Mitgliedern für ihre geleistete Arbeit. Es wird ganz dringend eine/ein weitere(r) Mitarbeiter(in) zur Entlastung von Frau **de Greiff** in der Bibliothek gesucht!

Die Schriftführerin, Frau **Eva Holtkamp**, berichtete, dass Anfragen an den Verein vor allem Namensvorkommen in alten ROLAND-Heften betreffen. Dank einer stetig wachsenden Datenbank konnten viele Anfragen mit Computer und E-Mail schnell und zuverlässig beantworten werden. Neben der vereinsinternen Mailingliste des ROLAND, die leider sehr wenig genutzt wird, betreut Frau **Holtkamp** weitere Listen als Moderatorin.

Für das abgelaufenen Jahr stellte der Schatzmeister, Herr **Wilhelm Hoffmann**, fest, dass das Vereinsvermögen ein Plus von 684,11 Euro aufzuweisen hatte. Allerdings wurde das Jahrbuch 2009 noch nicht fertig gestellt und daher auch noch nicht ausgeliefert. Um diese Positionen bereinigt ergibt sich ein Jahresüberschuss von ca. 1000,- Euro. Als größere Einnahmen konnten drei Einzelspenden (500,- ; 300,- und 250,- Euro) verbucht werden.

Die Kassenprüfung erfolgte durch die Herren **Kliche** und **Groetelaer**. Dabei wurde die Übereinstimmung der vorgenommenen Buchungen mit den vorliegenden Belegen festgestellt, so dass es keinerlei Anlass zu Beanstandungen gab. Die Kassenprüfer schlugen die Entlastung der Schatzmeisterin und ihres Stellvertreters vor, die bei Enthaltung der Betroffenen einstimmig erteilt wurde. Herr **Koschorrek** beantragt die Entlastung des Vorstandes, die bei eigener Enthaltung des Vorstandes einstimmig angenommen wurde.

Der Schriftleiter, Herr **Christian Loefke**, konnte den Mitgliedern im abgelaufenen Geschäftsjahr nur den Jahresband 2008 vorlegen, der Jahresband 2009 musste erneut wegen der beruflichen Belastung des Schriftleiters zurückgestellt werden. Um auch beim Jahresband 2010 wieder einen Umfang von ca. 160

Seiten zu erreichen, bittet der Schriftleiter erneut um Ahnenlisten, Stammlisten, Biographien, Quelleneditionen oder anderen Fundstücken. Gerne dürfen Bilder dabei sein, diese sollten aber zur leichteren Bearbeitung als eigenständige Dateien zur Verfügung gestellt werden

Mit dem Band 2 der Sonderschriften des ROLAND (Schwerte unter dem Nationalsozialismus, von **Alfred Hintz**) wurde erstmals eine ROLAND-Publikation durch einen Verlag (hier Books-on-Demand in Norderstedt) herausgegeben. Damit sind die Kosten für Erstellung, Lagerung und Versand erheblich reduziert worden, da dies alles über den Verlag läuft. Im letzten Jahr wurden 113 Exemplare über den Verlag verkauft, zusätzlich hatte der Roland 60 Exemplare erworben, die inzwischen fast alle verkauft wurden. In diesem Jahr wurden bis zum Tag der Jahreshauptversammlung bereits 7 Exemplare über den Verlag verkauft. Gewinn pro Buch für den ROLAND beträgt 0,60 Euro, die Datenvorratshaltung durch den Verlag wird mit 1,99 Euro pro Monat veranschlagt, so dass ab jedem 4. verkauften Buch pro Monat (oder dem 48. Buch im Jahr) der Verein einen Gewinn einfährt.

Der Antrag auf Änderung der Satzung im § 6 Absatz 5, 1. Satz (alte Fassung): *„Die ordentliche Mitgliederversammlung (Jahreshauptversammlung) findet alljährlich in der ersten Januarhälfte statt"* – zu (neue Fassung): *„Die ordentliche Mitgliederversammlung (Jahreshauptversammlung) findet alljährlich im ersten Quartal statt"* einstimmig angenommen.

Auch der Antrag auf Angleichung des Beitragssatzes für Vereine/Vereinigungen an den Familienbeitragssatz von 35,- Euro wurde einstimmig angenommen.

Für das Jubiläum im nächsten Jahr soll aus den vorhandenen Dias eine Aus-wahl für eine Präsentation gemacht werden, der Juli-Termin könnte hierfür genutzt werden.

Um 20:40 Uhr wurde die Sitzung offiziell beendet.

Die Arbeitssitzungen des letzten Jahres hatten folgende Themen:

13.01.2009	524.	Jahreshauptversammlung
10.02.2009	525.	Dr. **Ingo Fiedler**: Die Grafen von Dortmund
10.03.2009	526.	Prof. **Paul Derks**: Vornamen
14.04.2009	527.	**Georg Palmüller**: Bearbeiten von Bildern für die Ahnenforschung
12.05.2009	528.	**Thomas Wardenga**: (Workshop) Einführung – wie lese ich Sütterlin
09.06.2009	529.	**Gabriele Unverferth**: 700 Jahre Bergbau im Dortmunder Raum
Juli 2009		Ferien
August 2009		Ferien
08.09.2009	530.	Aussprache- und Diskussionsabend
10.-30.10.2009	531.	Ausstellung im Ruhrtalmuseum Schwerte (mit Vorträgen)
10.11.2009	532.	**Wilfried Unverricht**: Topographisches und historisches Kartenmaterial für Genealogen
08.12.2009	533.	gemütliches adventliches Zusammensein

Ortsregister

Harlingerland 22
Hattingen 78, 86, 95
Haus, Gut 69
Hedthof(f), Haus 11, 13
Heede, aufem 36, 38, 41
Heedhof, Haus 11, 14
Heessen 6, 23, 24
Heide, Gut 71
Heidelberg 81
Heidemühle, Gut 71, 72
Heiden 23
Heimersheim 65
Heithof, Haus 53
Hellefeld 10
Helmstedt 22
Hemer 14, 17, 64, 71, 72
Hemer-Sundwig, *siehe* Sundwig
Hemer-Westig, *siehe* Westig
Hemer-Westigerbach, siehe Westiger-
    bach
Herbede 18, 95
Herborn 42
Herfeld 71
Herringen 64, 89, 90
Herscheid 43
Herxen 18
Herzebrock 24, 102
Hessen 67
Heven 18
Heyde 71
Hilsing 53
Hiltrup 25
Höferhofe 30–32, 34, 35, 38
Höhlen 30–32, 34, 37
Hörde 51–56, 70
Hohenholten 37
Hohenlimburg 74, 77, 84–86
Holland 70
Holte 73
Holten 32, 52
Holthausen 6
Holzwickede 49, 62
Homberg 79
Homburg v. d. H. 82
Hordel 64
Horn 66
Horn-Bad Meinberg 94
Horst 72
Horstmar 66

Hove, Haus 85, 86
Hugenpoth, Burg 64
Hundewick 63

I
Ickern 65
Indianapolis 77
Isengarten 65
Iserlohn 13–18, 41, 85
Iserlohn-Wermingsen 64

J
Jade 20
Jaderberg 20

K
Kalbeck 65, 66
Kamen 72, 87, 88, 92
Kemnade 86, 95
Kentrop, Gut 89
Kernhem 15
Kettwig 74
Kierspe 30–38, 40–43, 71
Kiersper Hagen 32, 36
Kierspe-Strunck, *siehe* Strunck, Gut
Kirchscheidungen 90
Kleve 65, 80, 84, 94
Kleve, Herzogtum 52, 54
Klotinghof 61
Klusenstein, Burg 64
Koblenz 85
Köln 10, 82, 85, 88, 89, 91
Korsika 71
Koverstein, Haus/Burg 12, 71
Krassenstein 69, 73

L
Laer, Haus 69
Lage/Lippe 23
Landhausen 62
Landscron 65
Langenberg 83, 87, 92, 99
Langenholthausen 13
Lemgo 66
Lenhausen 15, 72
Lennep 34, 36, 38, 50, 83
Letmathe 16
Ley, Haus 71
Limburg 70

Namenregister

B

Babben 65
Bachum, von 68
Balcke, von 68
Ballenbrugge, zur 39
Bang 82
Barents 9
Barthols 101
Baumeister 93
Baycken 44, 45
Bechem 82
Becker(s) 9, 12, 34, 102
Beckman(n) 6, 100
Beerman 101
Beisenbusch 107–109
Bemmel, van 15
Bentheim, Gf. von 11
Berchem, von 61, 68
Ber(c)ken, von den 39, 41–45
Bergfeld 45
Berg, vom 80
Berleman 102
Berning 99
Berninghausen, von 68
Berswordt, von der 68
Besten, von 68
Beust, von 51
Beyinghaus 42, 43
Bieg, aus dem 78
Bielefeld 53, 55
Biermans 101, 103
Biesten, van 9
Bisplinghoff 5
Blechen 35, 41, 43
Bleckmann 83, 86
Bleidick 46
Bliese 113
Blumenthal, von 51
Bockelbrink 9
Bodelswing, von 74
Bodifee 28, 29
Böckenförde gen. Schüngel, von 10, 13
B(ö/oe)ddinghaus 32, 34, 36, 38
Böhme 92
Böing 85, 86
Böker 90
Bömeker 102
Boenen, von 68
Böninger 81, 87

Bönninghausen, von 12
Boeswipper 39
Boickhoff 101, 102
Bommert, von der 39
Bongaert, van den 70
Borchartz 102
Borch, ter 18
Borculo, van 97
Bordinghaus(en) 34, 35
Born 100, 102, 103
Borsdorf 45
Bossche, ten 14, 17
Bowijer 12
Brabeck 101
Brandenburg, Kurfürst von 63, 69
Bredenbach 35–37, 40, 42
Breidbach 93
Bremer 95
Bremi(c)ke(r) 32, 33, 35, 37
Brinck (von dem) 62, 80
Brochers 10
Bröseken 13
Bro(ss/ß) 33, 35
Brüggemann 62
Brüninghausen 37, 40
Brydach, von 74
Buddenbrock, von 64, 73
Bu(i/y)s(s)onnet 12, 17, 18
Busch, van den 17
Buschmann 88, 95
Bussche, ten 12, 13, 14, 16, 17

C

Camecke, von 11
Capellen, von der 68
Cappel 61
Carp 88
Carstens 20
Cleve, vom 37
Collenberg 38, 40
Collers 94
Cone 104
Conrad(i/y), von 52
Conze 90
Cordes 19
Cornelisz. 9
Coupienne 81
Cr(a/ä)mer(s) 30–32, 34, 36, 37, 39, 74, 105